로마 산책

가와시마 히데아키 지음 | 김효진 옮김

AK

일러두기

1. 이 책은 국립국어원 외래어 표기법에 따라 외국 지명과 인명 및 상호명을 표기하였다.

2. 본문 중 주석은 작은 글자로 표기하였다. 역자의 주석은 '역주'라고 표시하였고, 그 밖의 것은 저자의 주석이다.

3. 서적 제목은 겹낫표(『 』)로 표시하였으며, 잡지나 그림 등의 이름은 홑낫표(「 」)로 구분하였다. 그 외 인용, 강조, 생각 등은 따옴표를 사용하였다.
   예) 『데카메론』, 『이탈리아 기행』, 『즉흥시인』, 「문장세계」, 「캄피돌리오의 풍경」, 「남유럽의 나날」, '영원의 도시'

4. 이 책은 산돌과 Noto Sans 서체를 이용하여 제작되었다.

머리말

전부터 로마를 쓰고 싶었다. 로마 사정이나 로마에 대한 내용이 아닌 '영원의 도시' 로마를 쓰고 싶었다.

한편으로는 불안과 망설임도 있었다. 무모한 계획이 아닐까. 되레 참담한 결과를 초래할 수도 있다. 특히 '신서판(103×182㎜)'과 같은 작은 그릇에 담기에는.

현대와 같은 영상의 시대에는 언제 어디서든 손쉽게 로마의 경관을 볼 수 있다. 또 서점에는 아름다운 컬러로 인쇄된 잡지와 서적이 가득하다. 시각을 통한 인상은 선명하고 명쾌하다. 하지만 시각은 무사상적이며 기억에 남기 어렵다.

이 계획이 참담한 결과를 초래하거나 어리석은 과오를 저지르지 않도록 유의했다. 이제껏 내가 로마에서 직접 찍은 수천 장의 사진과 슬라이드를 다시 보는 대신 지도 한 장(98×140㎝)을 펼쳤다.

이 지도는 로마 수도 100년을 기념해 1970년의 로마를 그린 것이다(A. Ravaglioli 엮음, L. Piffero 그림). 성벽 안쪽의 모든 거리와 건축물의 이름을 써넣고 나무 하나하나까지 그려 넣은 일종의 조감도이다. 신슈信州의 산거 다다미방에 이 지도를 펼쳐놓고 20개월 가까이 밤낮으로 그리운 로마의 거리 하나하나를 따라가며 추억의 광경 속을 거닐었다. 이 책 제목을『로마 산책』이라고 짓게 된 이유이다.

그 결과, 9개의 장으로 이뤄진 각각의 관점에서 '영원의 도시'를 다루게 되었다. 사실 각 장은 몇 배나 되는 원래 원고를 압축·절단하고 생략·합성한 결과이다. 그러다 보니 곳곳에 논리와 이미지의 비약이 남고 말았다. 다시 읽어보니 본의 아니게 일반 독자들이 다소 어렵게 느낄 수 있는 부분도 있다. 특히 처음 3개의 장은 독자들이 부담을 느낄 만한 전문적인 기술이 많아졌다.

하지만 이 책은 꼭 순서대로 읽지 않아도 된다. 본인의 기호에 따라 어느 장이든 자유롭게 읽으면 된다. 그런 이유로 각 장의 첫머리에는 몇 줄의 도입 구절을 달아두었다. 이것은 르네상스 시대의 대작가 보카치오가『데카메론』에서 이용한 방식을 모방했다.

또 한 가지, 문학적인 설명을 덧붙이자면 시간의 감각에 따라 로마를 서술했다는 점이다. 성벽에 둘러싸인 언덕 사이사이로 뻗어 있는 길. 돌계단, 광장 그리고 거리. 분수 위에 세워진 오벨리스크를 비추는 빛은 동쪽에서 서쪽으로 옮겨가며 돌계단에 그림자를 남긴다. 그 그림자를 따라 로마를 거닐 때면 발밑을 흐르는 물소리가 느껴진다. '영원의 도시'의 고동이 들려오는 순간이다.

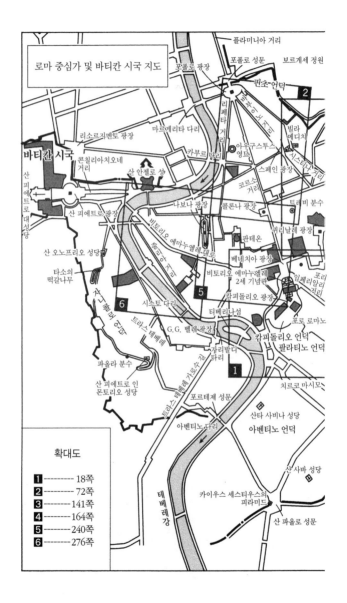

로마 중심가 및 바티칸 시국 지도

플라미니아 거리
포폴로 성문
보르게세 정원
포폴로 광장
핀초 언덕
빌라 메디치
리페타 거리
리소르지멘토 광장
마르게리타 다리
아우구스투스 영묘
카부르 다리
시스티나 거리
스페인 광장
바티칸 시국
콘칠리아치오네 거리
산 안젤로 성
코르소 거리
산 피에트로 대성당
나보나 광장
콜론나 광장
트레비 분수
산 피에트로 광장
비토리오 에마누엘레 대로
판테온
퀴리날레 광장
산 오노프리오 성당
베네치아 광장
타소의 떡갈나무
비토리오 에마누엘레 2세 기념관
포리 임페리알리 거리
자니콜로 언덕
시스토 다리
캄피돌리오 광장
포로 로마노
트라스테베레
G. G. 벨레 광장
티베리나섬
파올라 분수
산 피에트로 인 몬토리오 성당
가리발디 다리
캄피돌리오 언덕
팔라티노 언덕
트라스테베레 거리
치르코 마시모
포르테제 성문
아벤티노 다리
산타 사비나 성당
아벤티노 언덕

확대도

1 -------- 18쪽
2 -------- 72쪽
3 -------- 141쪽
4 -------- 164쪽
5 -------- 240쪽
6 -------- 276쪽

테베레강
산사바 성당
카이우스 세스티우스의 피라미드
산 파올로 성문

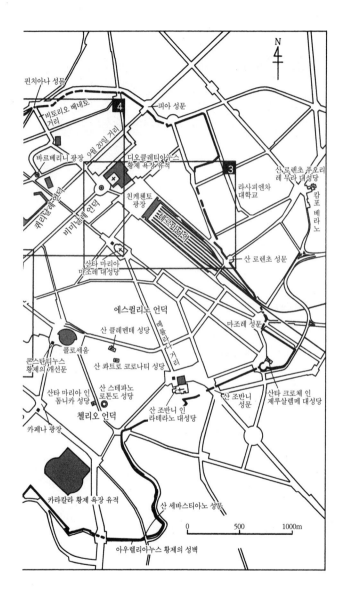

목차

미켈란젤로가 설계한 캄피돌리오 광장. 정면에 보이는 건물은 세나토리오 궁전. 뒤쪽으로 보이는 콜로세움까지 고대 로마의 유적이 이어진다. 왼쪽 하단은 중세의 산타 마리아 인 아라퀼리 성당.

Ⅰ 캄피돌리오 언덕에 서서 Ⅰ

'로마에 대해 알 수 있는 가장 좋은 방법은?'

'유럽 여행 중 로마에서 반나절가량 자유 시간을 즐긴다면?'

이런 질문을 받을 때마다 추천해온 방법이다.

캄피돌리오 언덕에 서보자.

고대, 중세, 르네상스, 바로크 그리고 일그러진 근대의 광경까지 눈앞에 펼쳐지기 때문이다.

1

로마는 경이와 매혹이 가득한 도시이다. 세부적인 아름다움에 이끌리기 전에 켜켜이 쌓인 시대 전체를 바라보자. 붐비는 거리를 뒤로하고 오르막길을 오른다. 이윽고 태고에는 신역神域이었던 캄피돌리오 언덕에 서면 소용돌이치며 지나가는 고대와 근대의 바람이 뼛속 깊이 느껴질 것이다.

완만한 오르막길의 계단 위에는 정면으로 단정한 건물이 보이고 중앙에는 시계탑이 우뚝 서 있다. 그러나 계단을 올라갈수록 시계탑은 뒤쪽으로 물러나고 그와 반대로

오르막과 계단이 절묘한 조화를 이룬 경사로. 올라갈수록 시계탑이 있는 정면 건물은 뒤로 물러나고 좌우 한 쌍의 거대한 조각상이 마중 나온다.

계단 양 끝에서 마중이라도 나오듯 거대한 백악白堊의 조각상이 모습을 드러낸다. 그제야 우리는 다른 공간에 발을 내딛고 있음을 깨닫는다.

'다른 공간'이라는 인상을 받는 것은 마중 나온 좌우의 조각상에서 느껴지는 '지상의 것이 아닌' 듯한 분위기 때문이다. 바깥쪽 앞발을 들어 올리며 하늘을 향해 달려 나가려는 좌우의 천마天馬. 그런 천마를 한 손으로 가볍게 제지하는 새하얀 젊은이의 거대한 조각상.

두 젊은이가 죽음을 피할 수 없는 인간일 리 없다. 다만 우리는 아직 그들의 이름이나 신의 아들로서의 무용에 관해 몰라도 된다. 그보다는 그들이 쌍둥이 신이 아닐지 짐작해보는 편이 더 중요하다. 또 좌우에 나란히 세워진 신과 천마의 조각상은 고대 로마의 발굴품이지만 그 소재인 백악의 암석은 르네상스 이후 로마를 상징하는 색채의 기조가 되었다. 그런 것에 대해 아는 것이 훨씬 중요하다.

　시계탑이 있는 정면 건물은 현재도 로마 시 청사로 사용되고 있다. 다만 명칭은 1,000년 전과 같은 세나토리오(구원로원) 궁전. 세나토리오 궁전 좌우로 마주 보는 백악의 건물은 콘세르바토리 궁전과 누오보 궁전. 두 건물 모두 1층은 주랑柱廊으로 되어 있고 마주 보는 전면의 구조도 비슷하게 지어졌다. 이 좌우의 주랑 아래 서서 흘러간 세월의 바람을 느껴보기 바란다.

　세나토리오 궁전 왼편에 새로 지어진 쪽이 카피톨리노 미술관. 건물의 깊이는 그리 깊지 않다. 맞은편의 깊이가 깊은 쪽이 콘세르바토리 미술관. 최근에는 두 건물을 합쳐(이탈리아어의 복수형으로) 카피톨리니 미술관이라고도 부른다. 두 곳 모두 15세기부터 고대 로마의 조각 작품을 중심으로 수장해온 세계 최고最古의 미술관이다.

그 후, 역대 교황과 저명한 추기경들의 수집품이 추가되면서 고대 로마 미술의 보고가 되었다. 미술관 안으로 들어가 느긋하게 관람하다 보면 반나절은 금세 지난다. 그리고 고대 그리스와 고대 로마의 미적 차이를 깨닫고 - 어느 쪽이 우수한지와 같은 얕은 사고를 뛰어넘어 - 고대 로마인들의 정신과 그 특징을 이해하기까지는 수개월을 드나들게 될 것이다.

지금은 두 미술관 안으로 들어가지 않아도 된다. 다만, 시간 여유가 있어 미술관 안으로 들어갔다면 내부의 진열품만 둘러보지 말고 특히 2층 전시실 창밖으로 펼쳐진 로마 시내의 풍경과 바로 아래에 보이는 광장을 눈여겨보기를 바란다. 그리고 고대 조각의 발굴과 모각 행위가 활발해진 15세기 이후의 미술품 수집 등과 함께 '고대의 재생', '르네상스'라는 개념을 중첩시켜보는 것이다.

어쨌든 당장은 두 미술관 안에 들어가지 않아도 좋다. 우선 캄피돌리오 광장에 서서 눈을 크게 뜨고 주위를 둘러보자. 빈틈없이 깔린 회색 포석鋪石 위에 새하얀 석재로 그려진 독특한 기하학 문양이 보인다.

정면 건물도 느긋하게 바라보자. 2층 입구에서 좌우로

갈라지며 내려오는 두 개의 돌계단이 있다. 그 계단 아래 가로누운 고대의 두 조각상. 가까이 가서 보면 샘물이 담긴 수반이 있다. 뒤로 돌아 다시 한 번 좌우의 궁전을 바라보면 각각의 전면을 위에서 아래로 관통하는 장대한 기둥과 그 기둥을 떠받치는 초석… 하나같이 새하얀 돌이 만들어낸 조화로운 감각이다.

흰색을 기조로 한 광장 안에서 정면의 세나토리오 궁전만이 황갈색으로 통일되어 있다. 궁전 뒤로 다른 세계가 - 고대 로마의 폐허가 - 펼쳐진다는 것을 예감케 하는 것이다. 하지만 먼저 내가 올라온 길을 되돌아보자. 많은 것들을 보지 못하고 지나쳤을 수 있기 때문이다.

최근 광장 중앙의 마르크스 아우렐리우스(A.D. 161~180년 재위) 황제의 기마상이 사라져 허전하기 이를 데 없다. 미켈란젤로가 만든 받침대만이 쓸쓸히 비를 맞고 있었다. 갑옷도 입지 않고 말에 앉아 오른손을 뻗고 있던 철인 황제. 그의 손끝은 캄피돌리오 광장이 자아내는 미의 교향곡을 지휘하는 듯했다.

1980년에서 1981년에 걸친 겨울이었던가, 대기오염으로 심각하게 훼손된 황제의 청동 기마상이 다른 곳으로 옮겨졌다. 당시 신문 기사를 읽은 나는 큰일이라도 난 것처럼 로마로 달려갔다. 이탈리아 북부 도시 토리노에 머물던 때였다.

그 무렵 이탈리아반도 남단의 해저에서 발견된 고대 그리스 전사의 입상 2점의 복원이 완성되어 피렌체에서 임시로 공개되었다. 같은 청동 조각상이지만 그리스와 로마 예술의 대비를 새삼 느꼈다.

마르크스 아우렐리우스 황제의 기마상이 없는 캄피돌리오 광장은 결함이 드러날 수밖에 없다. 최소한 대성년大聖年의 해인 2000년까지는 어떤 형태로든 그 결함을 보완하지 않을까. 그것이 광장 설계자의 뜻에 맞을지 아닐지는 별개로 말이다. 그런 예상을 하는 사이 황제의 기마상은 경박하기 짝이 없는 복제품으로 교체되었다.

로마에 살 때는 오랜만에 만나는 친구들과의 약속 장소는 늘 캄피돌리오 언덕 위였다. 어제 막 헤어진 친구와 다시 만날 때도 약속 장소는 캄피돌리오 언덕 위의 광장이었다. 친구들과도 완벽히 일치된 의견이었다.

언덕 아래에는 교통편이 좋은 베네치아 광장이 있다.

하지만 내 친구 스테파노, 로베르토, 카를로… 누구 하나 그곳에서 만나자는 사람이 없었다. 어느 날 - 1966년 말경 - 베네치아 궁전 미술관에서 터너의 대규모 전시회가 열렸다. 그때도 스테파노는 내게 언덕 위 광장에서 만나자고 했다.

처음에는 베네치아 광장이 파시즘 시기의 불운한 기억을 떠올리기 때문이 아닐까 생각했다. 무솔리니가 베네치아 궁전 2층 '지도의 방'에서 정무를 보며 바로 옆 발코니에 나와 열광하는 군중을 향해 연설했다는 내용을 책에서 읽었기 때문이다.

그러던 어느 날 내 짐작이 틀렸다는 것을 알게 되었다. 베네치아 광장에는 압도적인 규모의 비토리오 에마누엘레 2세 기념관이 있다. 지나치게 새하얀 대리석 건축물 앞을 잰걸음으로 지나치던 로베르토가 내뱉듯이 말했다.
"흉해!"

나는 잠자코 그의 옆얼굴을 훔쳐보았다. 자신이 내뱉은 말에 무슨 설명이 필요하냐는 듯 시선을 앞을 향한 채 전위문학에 대한 이야기를 이어갔다.

눈앞에 캄피돌리오 언덕을 오르는 경사로가 다가왔다.

이번 장 첫머리에서 '완만한 오르막길의 계단'이라고 썼지만 정확히는 '오르막길'도 아닐뿐더러 '계단'도 아니다. 정교하게 설계된 장방형 포석은 오르내릴 때 무릎에 무리를 주지 않도록 자연스러운 경사를 이루고 있다. 그리고 몇 걸음 내디딜 때마다 가로로 놓인 새하얀 연석이 마치 계단처럼 경사면을 구분한다.

비가 오는 날에는 연석을 따라 설치된 배수로 덕분에 빗물 처리에 곤란을 겪는 일도 없다. 경사로 양옆의 백악의 돌로 만든 우아한 난간을 따라 오르다 보면 마침내 경사가 완만해진다. 이어서 좌우 한 쌍의 거대한 디오스쿠리(제우스 신의 쌍둥이 아들) 조각상이 마중 나온다.

캄피돌리오 광장의 설계자는 미켈란젤로 부오나로티(1475~1564년)이다. 1530년대 피렌체에서는 공화정체가 붕괴했다. 복권된 메디치 가문의 군주정체가 자리 잡자 공화주의자 미켈란젤로는 1534년 로마로 이주했다.

공화정이 무너진 피렌체를 떠나 망명한 것이다. 이미 60세에 가까웠던 이 대예술가는 말년을 그야말로 '영원의 도시' 로마의 재생에 투신한 것이다. 마침 파르네세 가문 출신의 파울루스 3세(1534~1549년 재위)가 교황으로 즉위해

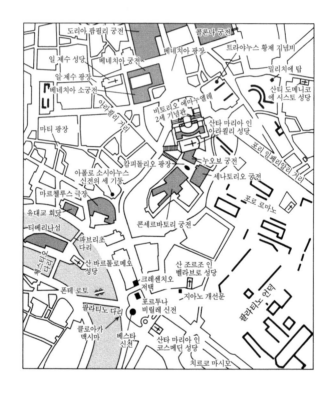

미켈란젤로에게 중요한 임무를 계속 맡겼다. 그중 하나가 캄피돌리오 언덕의 정비 계획이었다.

당시 세나토리오 궁전 앞에는 광장이 없었으며 마주 보는 오른쪽에는 콘세르바토리 궁전이 있었다. 또 왼쪽은 산타 마리아 인 아라쾰리 성당 옆까지 공터였다. 물론 코르도나타 계단도 없었다. 1527년 신성로마제국군에 의한 '로마 약탈'의 상흔이 남아 있던 시절이다.

한편 약 2세기 전 시인 페트라르카(1304~1374년)는 파리 대학과 로마 원로원 양쪽에서 동시에 월계관을 수여하기로 했다는 소식을 전해 들었다. 양쪽에서 동시에 월계관을 수여하기로 했다니, 페트라르카다운 작위성이 느껴진다. 어쨌든 파리의 신학보다 로마의 공화정을 선택한 페트라르카는 이 언덕에서 월계관을 받았다(1341년). 수년 후, 교황청이 아비뇽으로 옮겨진 동안 로마 귀족의 전횡을 견디다 못한 콜라 디 리엔초가 민중을 위한 혁명을 일으켰다. 남프랑스에 있던 페트라르카도 이에 호응해 로마로 왔다. 고대 로마 공화정 부활의 이상을 내건 콜라는 1347년 5월 호민관으로 선출되지만 어이없이 실각해 끝내 비참한 죽음을 맞는다. 그리고 페스트가 맹위를 떨쳤다.

마르크스 아우렐리우스 황제의 기마상. 현재는 복제품으로 교체되었다. 받침대는 미켈란젤로가 제작.

그 후 1세기가 흐르고 또다시 1세기가 지나 언덕 위의 영광은 한낱 꿈으로 사라졌다. 그런 황폐한 상황 속에서 1538년 교황 파울루스 3세는 청동으로 만든 황제의 기마상을 캄피돌리오 광장으로 옮겼다. 이 고대 로마의 조각상은 그리스도교를 공인한 콘스탄티누스 황제로 알려져 파괴되지 않을 수 있었다. 미켈란젤로는 백악의 석재로 기마상의 받침대를 만들었다. 다만 처음에는 기마상 설치에 반대했다고 한다.

캄피돌리오 광장을 정비하고, 고대에는 이교異敎의 신역이었던 황폐하고 혼돈한 언덕 위에 그리스도교가 지배하는 질서를 세우는 것 - 그런 파울루스 3세의 의도는 거의 명백했다. 거기에 공화주의자 미켈란젤로는 결코 동의할 수 없었을 것이다.

2

캄피돌리오 언덕에 관한 미켈란젤로의 설계도나 그의 견해를 기록한 것이 거의 남아 있지 않기 때문일 것이다. 미켈란젤로의 의도가 구체적인 형태로 실현되기까지 수세기가 걸렸다. 그뿐일까, 여전히 그의 바람대로 완성된 것은 아니다.

이해하기 쉬운 예를 들기 위해 연대순으로 네 개의 그림을 소개하고자 한다. 그림 ①은 1500년대 중반 캄피돌리오의 모습을 그린 작자 미상의 스케치이다. 그림 ②는 1645년 간행된 『당세 로마의 초상』에 수록된 도판. 그림 ③은 1700년대 중반의 유명 화가 피라네시의 판화 작인 〈로마 캄피돌리오의 풍경과 아라쾰리 성당으로 가는 계단〉. 그

[캄피돌리오 광장의 변천]
① 작자 미상의 스케치. 1500년대 중반.
② 1645년 간행된 도판.
③ 피라네시의 판화. 1700년대 중반. 그림 왼쪽 끝, 산타 마리아 아라쾰리 성당 왼쪽의 건물들은 20세기 초 비토리오 에마누엘레 2세 기념관을 건설하기 위해 파괴되었다.
④ 20세기 중반. 황제의 기마상 아래 (사진 오른쪽 앞)부터 흰색 선이 방사형으로 뻗어 있다.

리고 ④는 20세기 중반 무렵 캄피돌리오 광장의 모습이다.

특히 마지막 사진을 눈여겨보자. 황제의 기마상이 있어야 할 광장 중앙에서 주변으로 백악의 석재를 깔아 만든 선이 방사형으로 뻗어 있다. 이처럼 회색 포석 위에 지금

과 같은 복잡한 기하학 문양이 만들어진 것은 1940년 이후였다. 즉, 광장의 디자인이 미켈란젤로의 고안대로 끝부분이 뾰족한 12개의 꽃잎 모양이 되기까지 거의 400년이 걸린 것이다.

다시 그림 ①과 ②를 비교해보자. 미켈란젤로가 설계를

맡은 무렵부터 100년 남짓한 사이 광장 전체가 상당히 잘 정비된 것을 알 수 있다. 그림 ①에는 아직 정면의 코르도나타 계단도 만들어지지 않았다. 하지만 그림 ②에는 계단이 그려져 있다. 미켈란젤로의 설계를 이어받은 건축가 자코모 델라 포르타(1533~1602년)가 완성시켰다.

다만 제우스 신의 쌍둥이 아들 디오스쿠리 조각상은 지금과 달리 사람과 말 모두 옆을 향하고 있다. 이 조각상은 현재 퀴리날레 궁전 앞의 몬테 카발로(말의 언덕)에 있다(130쪽 참조). 교황 파울루스 3세는 이 조각상들을 장식하고 싶어 했지만 미켈란젤로가 거부했다고 한다.

그림 ②의 왼쪽 구석에 그려진 작은 건물은 실제로는 보이지 않았을 파울루스 3세의 저택 옥상이 아니었을까. 그보다 세나토리오 궁전 위로 돌출된 종루(시계탑은 아직 없다) 꼭대기에 놓인 성자상에 주목하고 싶다. 서툰 원근법으로 보건대 이 그림은 예술가가 그린 것이 아니라 성직에 관계된 사람이 그렸을 것이다.

그림 ③은 당대를 풍미한 피라네시의 판화 작품이다. 이 그림에는 왼편의 누오보 궁전도 완성되어 현대와 거의 비슷한 모습이다. 흥미로운 점은 20세기 초 비토리오 에마누엘레 2세 기념관 건설로 허물어진 왼쪽 끝부분의 오래된 집들이며 더 안쪽에 파울루스 3세의 저택 옥상이 그려져 있는 것이다. 또 그림의 오른쪽 끝부분에도 무너진 건물이 그려져 있다. 하지만 무너진 건물 아래 어지러이 놓인 잔해들은 실제가 아닐 것이다. 피라네시의 취향 혹은 고대에 대한 그의 개념을 물질화해 일부러 작품 속에 그려 넣었을 것이다.

피라네시(1720~1778년)는 고대 세계에 매료된 화가 중 한 사람이다. 그는 1700년대 중반 로마를 방문했다. 그는 〈캄피돌리오의 풍경〉을 그리며 그림 오른쪽 아래에 자연스럽게 석재 파편을 그려 넣음으로써 뒤쪽에 펼쳐진 고대 세계의 존재를 암시했다. 형태가 분명하진 않지만 오른쪽 아래 잡초에 덮인 석재는 무너진 고대의 기둥이거나 기둥머리 혹은 처마나 박공의 일부로, 세월의 풍화를 견뎌온 돌덩이 하나하나가 주변 인물들에 비해 훨씬 크다는 것을 알 수 있다.

예부터 이런 풍경화나 동판화를 통해 - 지금은 TV나 컬러 사진으로 - 고대 세계에 매료된 사람들이 얼마나 많았던가. 우리는 캄피돌리오 언덕을 향해 한 걸음 한 걸음 경사로를 따라 올라가면서 이전에 얼마나 많은 사람들이 이 길을 지났을지 생각하게 된다. 그리고 미켈란젤로의 광장에 서서 잠시 주위를 둘러보다 기묘한 예감에 이끌려 세나토리오 궁전 뒤편의 세계를 바라보게 될 것이다. 궁전 뒤편에 있는 전망대 난간에 서면 한동안 넋을 잃고 만다. 눈앞에 펼쳐진, 이전에 느껴본 적 없는 감각의 풍경. 그것이 우리를 매료시키는 고대 세계이다.

피라네시는 이 특이한 감각을 예감케 하는 장치를 〈캄피돌리오의 풍경〉속에 그려 넣었다. 그림 ③을 다시 한 번 보자. 코르도나타 계단을 올라 쌍둥이 디오스쿠리 조각상이 마중 나온 광장에 들어선 여행자는 광장 안쪽, 건물과 건물 사이의 깊은 틈새가 있음을 깨닫게 될 것이다. 그곳으로 마음이 쏠린다.

피라네시와 동시대인으로 고대 세계에 매료된 이들 중에 첫째는 두말할 것 없이 독일의 대시인 괴테(1749~1832년)일 것이다. 괴테는 우리가 이탈리아 특히 로마에 가고자 할 때 가장 풍부한 충고를 들려주는 선인이 아닐까. 관광에 도움을 준다기보다 타향과 고대 세계를 대하는 태도나

기본자세를 알려주기 때문이다.

1786년 9월 3일 어둠이 깊은 새벽 3시 괴테는 보헤미아 지방의 휴양지 칼스바트를 떠나 로마로 향했다. 당시 그의 모습을 괴테의 『이탈리아 기행』의 역자 사가라 모리오는 '역자 해설'에 다음과 같이 썼다.

'집사 필리프 자이델 한 사람에게만 행선지를 말하고… 쫓기는 사람처럼 상인 요한 필리프 멜러라는 가명으로 역마차를 갈아타며 이탈리아로 향하던 모습은 흡사 자석에 이끌리는 쇠붙이 같았다.' 계속해서 그는 '이 여행으로 시인 괴테가 완성되었고, 이 여행이 있었기에 비로소 독일 고전주의 문학이 확립되었다'고 썼다.

괴테는 11월 1일 만성절萬聖節에 로마에 도착했다. 그날 괴테의 수기에는 다음과 같이 쓰여 있다(내용은 이와나미문고 판 참조. 생략 부분은 …로 표시했다).

'그렇다, 드디어 나는 세계의 수도에 도착했다. … 티롤 고개는 흡사 날아서 넘었다. 베로나, 비첸차, 베네치아 등은 자세히 둘러보았지만 페라라, 첸토, 볼로냐는 서둘러 지나치고 피렌체는 거의 보지 못했다. 매순간 로마로 가고픈 욕구가 커지다 보니 더는 지체할 수 없었다. 피렌체

에는 3시간밖에 머물지 못했다.'

　『이탈리아 기행』은 분명 쉽게 읽히는 책은 아니다. 그 이유는 저자 괴테의 관심이 이탈리아 전체가 아닌 로마에 크게 치우쳐 있기 때문이다. 가령 르네상스의 도시 피렌체의 매력에 이끌리지 않을 여행자는 거의 없을 것이다. 그것도 첫 방문에 고작 '3시간밖에 머물지 못했다'니 결코 정상적인 사람일 리 없다. 괴테의 작품을 읽다 보면 그의 언동에 허위나 과장이 적다는 것은 금방 알 수 있다. 그만큼 괴테가 피렌체에 3시간 남짓 머문 것은 사실이며, 그것은 그의 의지에 따른 행동이었음이 분명하다.

　『이탈리아 기행』이 쉽게 읽히지 않는 또 다른 이유는 저자 괴테의 관심이 산문적인 것이 아니라 시적인 것에 크게 치우쳐 있기 때문이다. 꽃의 도시 피렌체를 처음 방문한 괴테는 그 아름다운 거리에서 일면성을 느꼈을 것이다. 그 명쾌한 미의 평면성에 민감했던 시인은 3시간 남짓 머물다 서둘러 로마로 떠났을 것이다.

　위대한 시인의 첫인상은 날카롭다. 로마에 도착한 괴테

의 최초의 기술로 돌아가보자. '그렇다, 드디어 나는 세계의 수도에 도착했다. … 이제 이곳에 오니 비로소 마음이 안정되어 평생 마음의 평온을 얻을 것 같다. 부분적으로는 알고 있었지만 모든 것을 직접 두 눈으로 보니 새로운 삶이 시작된 듯하다. 젊은 날의 모든 꿈들이 생생하게 되살아난다. 내가 기억하는 최초의 동판화 - 아버지는 현관에 로마의 전경도를 걸어놓으셨다 - 를 직접 눈으로 보고 있다.'

코르도나타 계단을 올라 캄피돌리오 광장에 선 괴테가 앞서 이야기한 피라네시의 동판화 속 '깊은 틈새'를 통해 뒤편의 세계를 들여다보는 모습을 그려보며, 우리도 그림 속을 걷는 여행자가 되어 눈앞의 풍경을 주시해보자. 고대 로마의 공공 광장이었던 포로 로마노Foro Romano(라틴어로 포룸 로마눔forum Románum이라고도 한다)의 경관이 펼쳐진다. 신전 유적, 제단 터, 기념비, 개선문 그리고 시야를 가로막는 거대한 콜로세오.

멀리 떨어진 듯 보여도 걸어서 10분 남짓 거리이다. 콜로세오Colosseo(라틴어로는 콜로세움Cŏlosséum)를 한 바퀴 돈 후, 콘스탄티누스 황제의 개선문을 구석구석 둘러보고 손으

세나토리오 궁전 뒤편에 펼쳐진 포로 로마노의 경관.

로 직접 만져보아도 1시간은 걸리지 않을 것이다. 이때 중
요한 것은 고대 로마의 다양한 암석을 직접 손으로 만져보
고 확실한 감각을 느끼는 것이다.

이곳에서 좌우의 샛길로 빠지면 몇 시간이 걸릴지 장담
할 수 없다. 특히 고대 로마의 공공 생활의 중심지였던 포
로 로마노 유적군에 발을 들여놓는 순간, 장대한 미로 속
에 있는 듯한 착각에 빠진다. 이 역사의 폐허 속에서 탈출
하려면 상당한 지식이 필요하다.

하지만 과감히 공공 광장 안으로 들어가 고대 세계에 더

욱 가까이 다가가고 싶은 여행자라면 잠깐이라도 팔라티노 언덕에 올라보는 것이 좋다. 소나무 숲 사이로 펼쳐진 엄청난 발굴 현장을 만나면, 발굴 조사라는 학문의 어려움을 조금이나마 짐작할 수 있을 것이다.

포로 로마노로 내려가 이신異神과 황제의 폐허에 서면 다음의 두 가지에 유의하자. 하나는 이곳까지 들어온 그리스도교 성당의 존재이며, 다른 하나는 공공 광장에서 올려다본 캄피돌리오 언덕의 인상이다.

마찬가지로 팔라티노 언덕을 돌아볼 때는 다음 장에서 이야기하겠지만 그곳이 전설의 시대에는 로마의 '콰드라타quadrata(정방형 영역)'였다는 사실, 그리고 캄피돌리오 언덕이 그리스도교 이전에는 다른 신들의 '신역'이었다는 점에 유의하자.

포로 로마노를 거닐거나 팔라티노 언덕에 오를 여유가 없는 여행자에게는 캄피돌리오 언덕을 한 바퀴 돌아볼 것을 추천한다. 미켈란젤로의 광장으로 돌아가 코르도나타 계단 위에 서서 언덕 아래에 펼쳐진 '영원의 도시' 로마의 거리를 내려다보며 언덕의 중턱을 따라 왼쪽으로, 왼쪽으로 걷는 것이다.

나무 사이로 판테온(만신전萬神殿)의 둥근 지붕과 산 이보 교회의 나선 첨탑, 그리고 산 피에트로 대성당의 거대한 돔과 산 안드레아 델레 프라테의 돔을 비롯해 주변 언덕과 테베레강변의 플라타너스의 푸른 잎과 유대교 회당의 둥근 지붕도 한눈에 보일 것이다.

아니면 서쪽의 성벽과 같이 깎아지른 듯한 절벽 위에서 내려다보는 것도 좋다. 필요 이상으로 넓은 도로에 자동차가 넘쳐난다. 자동차의 홍수 너머에는 오래된 집들과 아폴로 소시아누스 신전의 세 기둥(B.C. 433~431년)이 보인다. 또 고대, 중세, 근대의 개축을 거쳐 현재도 주거지로 사용되고 있는 마르첼루스 극장Teatro di Marcello(B.C. 13년 경 완성)도 보인다.

20분 남짓 캄피돌리오 언덕과 팔라티노 언덕 사이의 골짜기를 내려다보며 한 바퀴 돌아본 후 우리는 미켈란젤로의 광장으로 돌아온다.

또다시 피라네시의 깊은 틈새 앞에 서면 세나토리오 궁전의 북쪽 모퉁이 벽을 따라 세워진 원기둥 위에 쌍둥이 형제 로물루스와 레무스에게 젖을 먹였다는 전설의 늑대

고대 마르첼루스 극장 유적. 상층부는 주거공간으로 개조되었다. 오른쪽 끝에 아폴로 소시아누스 신전의 세 기둥이 보인다. 기둥 뒤로 유대교 회당의 둥근 지붕도 보인다.

조각상(진품은 콘세르바토리 궁전에 소장)을 볼 수 있다.

이번에는 누오보 궁전의 동쪽 계단으로 올라가다 중간 쯤에 있는 왼쪽 좁은 계단을 끝까지 올라가면 측면 입구를 통해 어두운 성당 안으로 들어갈 수 있다. 정식 명칭은 산타 마리아 인 아라퀼리 성당Santa Maria in Aracoeli(이탈리아에서는 Aracoeli를 아라코엘리라고 읽지 않는다).

성당 안에는 꼭 보아야 할 것들이 많다. 하지만 지금은 성당이 세워지기 이전에 이곳이 캄피돌리오 언덕의 가장 높은 장소였다는 것을 떠올렸으면 한다. 6세기에 성당이 세워진 이후부터 중세에 걸쳐 고대의 공공 광장과 같은 역할을 했다. 때로는 정치 집회가 열리는 장소가 되기도 했는데 콜라 디 리엔초도 이곳에서 민중을 향해 연설을 했다.

중세 건축양식이 뚜렷이 남아 있는 정면 입구에는 바르베리니 가문의 문장인 '세 마리의 꿀벌'이 새겨진 스테인드글라스가 있다. 성당을 나와 가파른 계단을 내려가면 왼쪽에 한 손을 번쩍 든 혁명가 콜라의 조각상이 보이고, 미켈란젤로의 코르도나타 계단이 서서히 가까워지다 이윽고 하나가 된다.

하나로 합쳐진 계단과 경사로 아래는 필요 이상으로 넓은 도로가 있다. 보행자가 가로질러 건너기도 힘들 만큼 도로 폭이 넓다. 마르첼루스 극장 거리라고 불리는 이 거리는 콜로세오와 베네치아 광장을 잇는 포리 임페리알리 Fori Imperiali(황제들의 광장) 거리와 마찬가지로 무솔리니가 확장했다.

파시즘의 독재자는 캄피돌리오 언덕 북서쪽에 있던 중세 이래의 오래된 가옥과 고대 신전의 폐허를 철거하고 군사용 도로 - 세계대전 이후까지의 명칭은 마레mare(바다) 거리 - 를 만들 생각이었다. 로마 도심과 해안을 직통으로 연결하려는 시도였다.

　당시의 흔적이 오늘날 자동차로 넘쳐나는 넓은 도로가 되었다. 그와 동시에 코르도나타 계단 아래로 뻗어 있던 유서 깊은 아라퀼리 거리가 거의 사라지고 말았다. 거리 중간의 우아한 분수도 주차된 차량의 행렬에 둘러싸여 옛 모습을 찾아볼 수 없다. 그 거리 끝에 예수회의 본거지, 일 제수 성당Chiesa del Gesù이 있다. 1500년대 후반에 세워진 바로크 양식의 전형이다.

　제수 광장에 멈춰 서서 걸어온 길을 돌아보면 코르도나타 계단과 세나토리오 궁전이 있는 캄피돌리오 언덕이 보일 것이다. 그 광장은 비토리오 에마누엘레 대로의 시작이자 '베키아 로마'의 입구이기도 하다.

아벤티노 언덕 상공에서 찍은 테베레강. 티베리나섬 하류에 교각 하나만 남은 폰테 로토(무너진 다리)의 아치가 보인다.

II 일곱 언덕과 테베레강

태고의 로마를 상상해보자.

황야를 굽이치는 테베레강.

강물에 떠내려온 쌍둥이 형제를 언덕 기슭에서 암컷 늑대가 젖을 먹여 키웠다고 한다.

일곱 언덕에서 꽃핀 문화와 공화정의 탄생.

후세의 화가들은 신화와 원시의 풍경에 매료되었다.

1

고대 로마는 일곱 언덕 위에서 탄생했다. 첫 번째 언덕, 캄피돌리오를 축으로 시계 반대 방향으로 여섯 언덕의 이름을 소개한다. 괄호 안은 라틴어 발음이다.

팔라티노Palatino(Palatinus·팔라티누스), 아벤티노Aven-tino(Aventinus·아벤티누스), 첼리오Celio(Caelius·카엘리우스), 에스퀼리노Esquilino(Esquilinus·에스퀼리누스), 비미날레Vimina-le(Viminalis·비미날리스), 퀴리날레Quirinale(Quirinalis·퀴리날리스) 언덕이다.

캄피돌리오Campidoglio(Capitolinus·카피톨리누스) 언덕은 카피톨리노Capitolino 언덕이라고도 쓴다. 다만 이 첫 번째

고대 로마의 언덕과 성벽. 세르비우스 왕의 성벽(B.C. 565년경)으로 일곱 언덕을 둘러싸고, 아우렐리아누스 황제의 성벽(A.D. 270년경)이 핀초 언덕과 테베레강의 만곡부(캄푸스 마르티우스)를 에워쌌다. 후에 교회국가가 야니쿨룸과 바티카누스 언덕을 포함시킨다. 지도의 괄호 표시는 현재의 유적.

언덕에 한해서는 카피톨리노(형용사)의 명사형 카피톨리오 Capitolio(Capitolium·카피톨리움)의 방언 캄피돌리오가 일상적인 표현이 되었다.

전설의 왕 로물루스가 팔라티노 언덕을 정방형 울타리로 에워싸고 후에 성벽을 둘러 로마를 건국한 것은 기원전 753년 4월 12일의 일이었다고 전해진다. 그곳을 '로마 콰

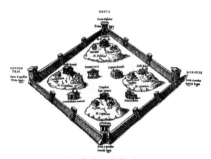

'로마 콰드라타' 지도

드라타Roma quadrata(정방형 영역)'라고 부른다. 캄피돌리오
언덕에 서서 주위를 둘러보면 물론 몇몇 산의 표면이 고르
게 깎이긴 했지만 일곱 언덕의 기복을 분명히 확인할 수
있을 것이다.

하지만 고대에 언덕과 언덕 사이를 흘렀을 시내의 물줄
기는 어디에서도 찾아볼 수 없다. 또 일곱 언덕을 에워싼
세르비우스 성벽 - 세르비우스 왕이 건설하고 공화정 시
대에 보강되었다 - 의 흔적도 거의 찾아볼 수 없다.

로마 테르미니역 왼편에 세르비우스 성벽의 원형이 일
부 남아 있다. 그 밖에 아벤티노 언덕에 성벽 일부가 남아
있고 캄피돌리오 북서쪽에 있는 벼랑에서 볼 수 있는데 이

테르미니역 앞에 남아 있는 세르비우스 왕의 성벽.

곳은 성벽이라기보다 성벽의 기점이 된 장소라고 하는 편
이 좋을 것이다.

고대 로마의 역사는 크게 왕정과 공화정, 제정帝政의 세
시기로 나눌 수 있다. 기준이 된 사건을 몇 가지 소개하기
로 하자. 전설의 초대 왕 로물루스로부터 6대에 해당하는
세르비우스 왕이 앞서 이야기한 성벽을 건설했다(B.C. 565
년경). 그리고 오만 왕이라는 별명이 붙은 7대 왕 타르퀴니
우스가 폐위되고, 기원전 509년에 공화정이 탄생했다.

카이사르는 기원전 100년에 태어나 기원전 60년에 폼
페이누스, 크라수스와 함께 삼두정치를 펼쳤다. 그리고
기원전 44년 종신 독재관으로 취임했지만 마르쿠스 브루

투스 등의 공화주의자들에 의해 암살당했다.

뒤를 이은 옥타비아누스는 원로원과 합의해 공화정 체제를 선언하고 아우구스투스(존엄한 자)라는 칭호를 얻으며 기원전 27년 초대 로마 황제가 되었다.

여기까지는 기원전 이야기로, 기원후 아우렐리아누스 황제(A. D. 270~275년) 때는 전에 없던 대규모 성벽이 건설되었다. 오늘날까지 거의 온전한 형태가 남아 있는 이 아우렐리아누스 성벽에 대해서도 살펴보자.

모든 길은 로마로 통한다. 예부터 수많은 사람들이 이 말에 이끌려 '영원의 도시'를 찾았다. 말을 타든 걷든 사람들은 아우렐리아누스 성벽의 성문을 통해 로마로 들어갔다. 괴테, 스탕달, 안데르센 모두 마차를 타고 북쪽의 포폴로 성문을 통해 '영원의 도시'로 들어갔다.

하지만 19세기 후반 이탈리아반도에 철도망이 정비되면서 여행자들은 성문을 통과하지 않고도 로마 시내로 들어갈 수 있게 되었다. 동남쪽의 마조레 성문 부근 성벽을 일부 허물고 선로를 깔았기 때문이다. 로마의 테르미니역은 1867년부터 1873년에 걸쳐 지어졌다.

따라서 북쪽에서 알프스를 넘어 이탈리아반도로 들어

남쪽의 산 파올로 성문. 새하얀 피라미드는 고대 로마의 호민관 카이우스 세스티우스(B.C. 12년 사망)의 무덤.

온 사람들(예컨대 1873년 일본 정부가 파견한 이와쿠라 사절단)이나 나폴리항에 상륙해 남쪽에서부터 '영원의 도시'로 들어온 사람(예컨대 1905년 일본 유학생 아리시마 이쿠마) 모두 성문을 지나지 않고 로마역 앞에 섰다.

20세기가 되면서 한동안 이렇게 기차로 로마에 오는 사람들이 많았다. 하지만 1960년 레오나르도 다빈치 국제공항이 생긴 후부터 사람들은 대부분 공항과 테르미니역의 에어터미널을 잇는 버스나 택시 등을 이용해 테베레강 왼쪽 기슭을 북상해 새하얀 피라미드가 있는 남쪽의 산 파올로 성문을 지나 '영원의 도시'로 들어왔을 것이다.

1990년에는 월드컵 축구 개최를 계기로 공항과 종착역을 잇는 철도가 개통되었다. 또 지하철의 발달로 이제는 성벽이 있다는 것조차 모른 채 로마를 방문하는 사람들이 늘어날 것이다.

어쨌든 로마는 여전히 고대의 성벽과 성문의 도시이다. 앞서 말했듯이 전설의 왕 로물루스는 팔라티노 언덕 하나에만 울타리를 두르고 정방형의 영역 즉 '콰드라타'를 만들었다고 한다. 물론 그 흔적은 남아 있지 않다. 하지만 소나무 숲과 폐허 사이를 걸어보면 그 영역이 대략 2km라는 것을 알 수 있다. 또 공화정 시대에 보강된 세르비우스 성벽의 총 길이는 어림잡아 10km 정도이며 아우렐리아누스 성벽의 총 길이는 20km 정도이다.

팔라티노 언덕 하나뿐 아니라 일곱 언덕에 걸친 세르비우스 왕의 성벽이 공화정 시대에 보강되었다는 사실은 왕정 발생기의 '콰드라타'가 발전적으로 해소되었다는 것을 의미한다. 즉, 정방형 울타리 혹은 성벽으로 에워싼 최초의 영역은 아마도 전설의 왕 로물루스와 그 권솔을 중심으로 한 극히 소수의 공동체의 장으로 출발했지만, 점차 다른 부족 등과 섞이며 더 큰 집합체를 형성했을 것이다. 그

자코모 라우로『고대 로마의 경이』(1600년대 초)에 실린 캄피돌리오 언덕의 그림.

중에서도 캄피돌리오 언덕은 거주 구역이었던 팔라티노 언덕이나 공공 광장이었던 포로 로마노와는 다른 역할을 담당했다.

오늘날 성역으로서의 캄피돌리오 언덕에 관한 자료는 거의 없다. 하지만 1600년대 초 간행된 자코모 라우로의 『고대 로마의 경이』에 실린 위 그림은 이 언덕이 그리스도 이전의 이신異神을 모신 신전이 곳곳에 들어선 장소라는 것을 보여주는 동시에 언덕 전체가 일종의 성채와도 같다는 것을 알 수 있다. 이 그림이 작자의 상상의 산물이 아니라는 것은 그림 오른쪽 위에 있는 셉티미우스 세베루스 황제(A.D. 193~211년 재위)의 개선문이 절반쯤 땅에 묻혀 있는 실경 묘사를 통해서도 짐작할 수 있다.

과학적인 논거를 바탕으로 한 복원도에 따르면 캄피돌리오 언덕(해발 약 50m)에는 두 개의 마루가 있는데 북쪽 끝에 있는 높은 마루는 망루를 겸한 아르스arx(요새)라고 불리며 그야말로 바위산의 요새로서 기능했다. 기원전 343년, 이곳에 경고의 여신 유노 모네타Juno Moneta의 신전이 세워졌다고 한다. 같은 장소에, 로마의 화폐 주조소가 세워지면서 모네타(훗날 머니)가 화폐의 의미로 쓰이게 되었다. 중세에 산타 마리아 인 아라퀠리 성당이 세워져 오늘에 이르렀다.

캄피돌리오 언덕 남쪽의 조금 낮지만 넓은 마루에는 고대 로마의 주신 '지선지고至善至高의 주피터'를 모신 신전이 세워졌다고 한다. 이 신전은 거듭된 화재와 외적의 파괴로 현재는 기단의 일부만이 콘세르바토리 궁전 뒤편에 남아 있다.

캄피돌리오 언덕의 두 마루 사이 즉, 산허리는 아실룸asylum이라고 불렸다. 이탈리아어로는 아실로asilo라고 하며, 피신처 혹은 피난처를 뜻한다. 그곳에 타불라름Tabularium(공문서 보존관)이 지어졌으며, 중세 말기 코무네Comune

(자치도시) 시대에는 그 위에 세나토리오 궁전이 세워졌다. 하지만 고대의 공화정이 부활하지 못하고 교황령이 된 로마는 신성로마제국의 황제권과 그보다 강력한 교황권 치하에서 힘을 잃었고 캄피돌리오 언덕도 점차 황폐해져갔다. 그런 시기에 야심가인 교황 파울루스 3세가 미켈란젤로에게 의뢰해 언덕 위의 광장을 재생하고자 한 것이다.

2

테베레Tevere(Tiberis·라틴어로는 티베리스)강은 아펜니노산맥의 푸마이올로산(1407m)에서 시작된다. 험난한 골짜기를 남으로 남으로 흘러 움브리아와 라치오 지방을 종단하고 로마의 언덕 사이사이를 지나 황야를 굽이치며 느긋하게 티레니아해로 흘러간다.

총 길이는 약 400km. 단테가 '테베레의 강물이 용솟음치는 항'(『신곡』 지옥 편 제27곡, 30행)에서 화염에 휩싸인 망령과 이야기한, 푸마이올로 산꼭대기에 서면 발밑에는 몬테펠트로의 산줄기가 이어지고 멀리에는 산마리노 공화국의 성곽과 그 너머로 아드리아해가 펼쳐진다.

테베레의 수원水源과 골짜기 하나 사이의 경사면을 따라 흐르는 급류는 모두 아드리아해로 흘러간다. 그런 강들 사이에 루비코네Rubicone(영어로는 루비콘Rubicon)강도 있다.

볼로냐를 출발한 열차가 아드리아해의 피서지 리미니에 가까워질 무렵, 차창으로 루비코네강의 줄기를 찾아보는 버릇이 생겼다. 잠시 한눈을 팔면 순식간에 지나쳐버리기 때문이다.

주변을 흐르는 가느다란 강줄기 중 하나일 뿐이지만 강어귀에 가까워지면 의외로 수량이 풍부하다. 처음 루비코네강가에 섰을 때,

로마에서 꽤 먼 곳까지 온 듯한 기분으로 흐릿하게 보이는 아펜니노산맥을 바라보았다. 그리고 '주사위는 던져졌다'는 율리우스 카이사르Gaius Julius Caesar(Césare·이탈리아어로는 체사레)의 외침을 떠올렸다.

티레니아해의 테베레강 어귀에서 푸마이올로산의 수원까지 그리고 북쪽의 아드리아해로 흐르는 루비코네강을 합치면 강물의 흐름이 이탈리아반도를 완벽하게 양분한다. 이 흐름을 따라 여행을 하는 동안 그런 인상이 더 깊어졌다. 강줄기의 서쪽은 로마보다 역사가 깊고 강력한 에트루리아 문명이 지배했다.

움브리아 지방 페루자 부근의 테베레강의 강폭은 그리 넓지 않음에도 오른쪽 기슭에 위치한 페루자가 에트루리아인이 만든 도시라는 것은 분명해 보인다. 한편 왼쪽 기슭에 위치한 도시 - 아시시, 스폴레토, 노르차 등 - 에서는 에트루리아인의 흔적을 찾아보기 어렵다.

테베레강의 물줄기가 라치오 지방으로 흘러들어 오르테의 도시를 지나는 부근에서, 왼편의 나르니와 테르니 방면에서 네라강의 지류가 흘러든다. 그쯤에서 여행자들은 왼쪽 기슭의 달라진 풍경을 깨닫는다. 주변 풍경은 더 이상 움브리아도, 토스카나도 아니다.

노송나무 숲이나 완만한 언덕이 아닌 우뚝 솟은 바위산과 거친 떡갈나무 가지가 시야를 채운다. 이 태고의 숨결은 로마인보다 훨씬 오래전부터 이 일대를 지배한 사비니인들의 유산이 아닐까. 예컨대 급행열차가 서지 않거나 코무네(자치도시)의 버스 편도 없는 작은 역에서 내려보자. 그리고 왼쪽 기슭의 지류 하나를 거슬러 올라간 곳에 있는 파르파 수도원(680년 창건)에 가보면 건물의 유구 등을 통해 색다른 고대의 숨결을 느낄 수 있다.

요컨대 계속해서 남하하는 테베레의 강줄기는 오른쪽 기슭에 에트루리아인의 지배 영역을, 왼쪽 기슭에는 사비니인으로 대표되는 다른 종족의 지배 영역을 탄생시킨 것이다. 근거 없는 여러 사상 중에서 테베레강이 반도의 자연환경에 일종의 경계를 형성해왔다는 점만큼은 분명하다.

로마가 점점 가까워질수록 테베레강의 흐름은 이제까지와 다른 독특한 풍경을 만들어낸다. 로마 주변의 들판.

예부터 사람들은 이곳을 '캄파냐 로마나Campagna Romana'라고 불렀다('캄파니아Campania'는 완전히 다른 지방을 가리킨다).

'캄파냐 로마나'는 지역적으로는 로마의 주변부를 가리킨다. 즉 구불구불한 테베레강 유역과 티볼리 쪽에서 흘러드는 아니에네강 유역, 그리고 로마의 남동쪽 교외에 있는 알바니 언덕에 걸친 지역. 말하자면 '영원의 도시' 로마 주변에, 다소 황량하게 펼쳐진, 목축지를 포함한 전원 지역이다.

근대화의 물결 속에서 캄파냐 로마나는 개량해야 할 경지의, 시대에 뒤떨어진 풍경으로 여겨졌다. 로마 주변의 개발 경지. 그런 의미에서 '아그로 로마노Agro Romano'라고 부르기도 했다. 실제 공장지대와 무질서한 거주구역이 늘고 있다. 하지만 17, 18세기와 19세기 중반까지는 황량한 풍경 속에 고대의 잔영을 간직한 드문 지역이었다. 테베레강이 만들어낸 두 번째 특징 - '캄파냐 로마나'의 광경 - 은 고대 세계를 연상시키는, 신화와 원시의 잔재가 엮어낸 자연미이다.

이제는 '목가적 풍경'이라고 불러야 할 것이다. 일찍이 '로마의 프랑스인'으로 불리며 고대의 이념을 추구한 1600

로마시 북부에 있는 밀비오 다리.

년대의 풍경화가 클로드 로랭과 동세대의 니콜라 푸생, 그
후에 이어진 조지프 터너, 카미유 코로 또 괴테, 스탕달,
안데르센과 같은 문학인들도 결국 이 '목가적 풍경'에 매
료되어 로마로 향한 것이다.

　남하해온 여행자들은 '영원의 도시' 북부에서 밀비오
Ponte Milvio(Milvius·라틴어로는 밀비우스) 다리를 통해 테베레
강을 건넌다. 기원전 109년에 지어진 오래된 돌다리이다.
　다만 그해 최초로 지어진 것이 아니라 새롭게 다시 지어
졌다는 것을 의미한다. 남하하는 고대 로마의 두 주요 가
도 즉, 플라미니아 가도와 카시아 가도가 밀비오 다리 부

근에서 하나로 합쳐진 것은 다리가 세워진 시기보다 100
년은 더 거슬러 올라가기 때문이다.

아드리아해 부근에서 내려오는 플라미니아 가도가 건
설된 것은 기원전 223년 혹은 220년경이다. 피렌체에서
시에나를 거쳐 남하하는 카시아 가도가 건설된 것도 그 이
전일 것이다. 여기서 우리는 카시아 가도가 고대 로마 최
대의 적대자 에트루리아로 향하는 길이었다는 것을 생각
해볼 필요가 있다.

두 강국의 대립과 교류의 역사는 길다. 어쨌든 밀비오
다리는 기원전 건설된 당시의 모습을 거의 온전히 유지하
며 - 후에 전략적 이유로 세워진 탑과 파괴된 부분도 있지
만 - 2,000년의 세월이 흐른 지금까지도 테베레강물에 옛
모습을 그대로 비추고 있다.

남하해온 테베레강줄기가 로마시 북부에서 크게 굽이
치는 모습을 보고 싶다면 보르게세 정원 북쪽의 파리올리
언덕에 올라보면 좋다. 예컨대 뮤제 광장 끝에서 바라보
면 테베레강 상류에 펼쳐진 캄파냐 로마나의 옛 풍경을 떠
올릴 수 있다. 또 빌라 글로리의 높은 곳에서 내려다보면
굽이치는 강줄기와 밀비오 다리를 한눈에 담을 수 있다.

이탈리아까지 가지 않고도 캄파냐 로마나를 볼 수 있는 기회가 있다. 이를테면 1998년 가을 도쿄 우에노의 국립 서양미술관에서 '이탈리아의 빛 - 클로드 로랭과 이상 풍경'이라는 주제의 전시회가 열렸다.

화가 로랭은 캄파냐 로마나의 목가적 풍경에 심취해 잃어버린 고대 세계의 전설과 신화까지 담아냈다. 현실에는 존재하지 않는 이념의 풍경을 탁월하게 그려냈다. 뛰어난 현실감과 함께.

로랭의 회화전을 본 사람은 〈라 크레센자의 풍경View of La Crescenza〉이라는 제목의 유화를 기억할까. 황갈색으로 흐르는 어두운 강 너머로 석조 건물이 보인다. 강가에는 석양을 받아 금빛으로 빛나는 키 큰 나무들이 있다. 나무 밑에 앉아 강의 수면을 바라보는 사람의 모습. 고독한 화가의 모습일까 아니면 목동일까. 마찬가지로 강가에 웅크려 앉은 소. 사람과 소는 누군가가 오기를 - 강의 정령 혹은 신일까 - 가만히 기다리고 있다….

크레센자의 고성古城은 밀비오 다리와 약 3km 거리로 플라미니아 가도가 보일락 말락 한 언덕 너머에 있다. 캄파냐 로마나의 풍경 속을 지나온 여행자가 밀비오 다리를

클로드 로랭 〈라 크레센자의 풍경〉

건널 때면, 전투에 패배하고 끝내 강물에 휩쓸려 목숨을
잃은 막센티우스 황제의 고사(312년)가 떠오를 것이다. 그
후 콘스탄티누스 황제는 그리스도교를 공인했다.

밀비오 다리를 건넌 여행자들은 일직선으로 뻗은 플라
미니아 가도(지금의 플라미니아 거리)를 통해 성문(지금의 포폴로
성문)에 닿는다. 로랭, 푸생, 괴테, 스탕달, 안데르센 등 많
은 여행자들이 이곳에서 '영원의 도시'로 입성했다.

여기서 우리는 더 먼 과거로 거슬러 올라가, 기원전 로
마를 떠올려보자. 아직 성문이 없던 시대였다. 주변은 크
게 굽은 테베레강에 둘러싸인 습지대로, 라틴어로는 캄푸
스 마르티우스Campus Martius(군신 마르스의 황야)라고 불렸

다. 이름 그대로 군사를 제일로 여긴 고대 로마인들의 연병장이었던 곳으로 소택지沼澤地에 작은 언덕이 딸린 벌판이었을 것이다.

그런 풍경을 따라 플라미니아 가도를 지나 더 멀리 뻗어 있는 마지막 직선 가도(지금의 코르소 거리)를 걷다 보면 제6대 왕 세르비우스가 쌓은 성벽에 다다른다. 세르비우스 성벽은 캄피돌리오 언덕 북쪽 끝에 우뚝 솟아 있는 아르스 arx(요새)의 기슭에 위치했다.

3

다시 캄피돌리오 언덕에 오른 것처럼 테베레의 강줄기를 눈으로 쫓으며 주위를 둘러보자. 앞서 고대 로마를 왕정, 공화정, 제정의 세 시기로 크게 나눌 수 있다고 말했다. 여기서 왕정 시기는 대부분 전설의 시대이다.

전설에 의하면 알바 롱가 왕의 딸과 군신 마르스 사이에 태어난 쌍둥이 형제 로물루스와 레무스는 왕위 계승 다툼에 휘말려 바구니에 담긴 채 테베레강에 버려졌다. 마침 홍수로 범람한 강물에 떠내려온 형제를 늑대가 발견해 젖을 먹여 키웠다고 한다.

　마침내 로물루스는 로마를 세우고, 팔라티노 언덕을 정방형의 방벽으로 에워쌌다. 전설에 의하면 기원전 753년의 일로 전해진다. 제2대 왕은 누마 폼필리우스, 제3대는 툴루스 호스틸리우스, 제4대는 안쿠스 마르키우스, 제5대는 타르퀴니우스 프리스쿠스, 제6대는 일곱 언덕을 둘러싼 성벽을 건설한 세르비우스 툴리우스, 그리고 제7대의 타르퀴니우스 수페르부스(오만 왕)가 기원전 509년 폐위되면서 왕정이 막을 내리고 공화정이 시작되었다.

　군이 역대 왕의 이름을 모두 나열한 이유가 있다. 전설에는 일면 사실史實이 포함되어 있다는 생각 때문이다. 이 점에서 전설과 신화는 비슷하면서도 다르다. 신화는 사실을 초월한 세계를 창조한다. 그러므로 지금은 가능한 한 신화의 영역에 빠지지 않도록 주의하자. 고대 로마의 예술과 문학은 신화와 불가분의 관계이기 때문에 여기에 관해 이야기하려면 별도의 사고방식을 필요로 한다.

　어쨌든 위에서 나열한 일곱 왕들 중 제5대, 6대, 7대 왕은 그들의 이름으로 추측하건대 에트루리아인으로 여겨진다. 로마 테르미니역에서 티레니아해 방면으로 북상

하는 열차를 타고 100km쯤 떨어진 지점에 타르퀴니아
Tarquinia(Tarquinii·라틴어로는 타르퀴니, 타르퀴니우스Tarquinios는
형용사형)가 있다. 이 도시를 방문해 완만한 경사를 이룬 보
리밭 곳곳에 있는 네크로폴리스Necropolis(지하 묘지)에 내려
가보면 에트루리아인이 로마인에 뒤지지 않는 문명을 자
랑했음을 금방 알 수 있다.

에트루리아의 뛰어난 문명은 테르미니역에서 북쪽으로
50km 남짓한 지점에 있는 체르베테리Cerveteri의 유적에
서도 분명히 느낄 수 있다. 열차를 타지 않고도 파리올리
언덕 입구에서 가까운 빌라 줄리아의 국립박물관을 방문
하면, 에트루리아의 훌륭한 문명 문화에 압도되는 경험을
할 수 있다.

요컨대 전설의 초대왕 로물루스부터 7대에 걸친 로마
왕정 시기(B.C. 753~509년)에 테베레강 오른쪽 기슭은 대개
에트루리아의 지배 영역이었을 것이다. 그리고 로마인과
에트루리아인이 가장 가까이 접근한 장소는 티베리나섬
부근이었으리라고 본다. 다만 티베리나섬이 지금처럼 테
베레강 가운데 있는 작은 섬이었는지는 분명치 않다. 어쩌
면 기원전 500년 무렵에는 존재하지 않았는지도 모른다.

카미유 코로 〈산 바르톨로메오섬과 다리〉

1827년 31세에 처음 로마를 방문한 프랑스의 화가 카미유 코로Jean Baptiste Camille Corot가 티베리나섬을 그렸다. 테베레강 하류에서 바라본 풍경으로 지금의 모습과 거의 같다. 코로의 그림 속 오른쪽 즉, 왼쪽 기슭과 연결된 다리가 기원전 62년 지어진 파브리초 다리이다. 이 다리는 현재도 시민들이 이용하고 있으며 원형을 그대로 간직하고 있다. 또 그림 왼쪽 즉, 오른쪽 기슭과 연결된 다리가 기원전 46년에 지어진 체스티오 다리이다. 외형은 파브리초 다리와 거의 같지만 후년에 수리를 위해 개축되었다.

섬 이름은 코로의 그림 제목에서도 알 수 있듯 시대에 따라 바뀌었다. 섬에 지어진 건축물의 이름이 바뀌었기 때문이다. 아마 홍수로 왼쪽 강기슭의 일부가 분리되어 섬이 만들어졌을 때부터 이곳은 의학과 치료의 신 아에스쿨라피우스의 성지가 되었다. 이 신을 모신 신전이 지어진 것은 기원전 289년이었다고 한다. 10세기에는 그 신전터에 산 바르톨로메오 성당이 세워졌다. 현재도 종교단체에서 운영하는 병원이 있다.

배처럼 생긴 티베리나섬 남단에 서면, 하나만 남은 석조 교각의 아치가 세월과 강물의 흐름을 버티며 서 있는 것을 볼 수 있다. 티베리나섬 하류의, 약 100년 전에 새로 건설한 팔라티노 다리에서 내려다보는 것도 좋다. 이 근대의 다리를 짓기 위해 그때까지 남아 있던 세 개의 교각 중 두 개를 파괴했다.

어쨌든 폰테 로토Ponte Rotto(무너진 다리)라고 불리는 이 다리의 정확한 이름은 아에밀리우스Pons Aemilius(Emilio·이탈리아어로는 에밀리오) 다리이다. 기원전 179년 감찰관 마르쿠스 아에밀리우스 레피두스가 이 다리의 건설을 맡았다. 하지만 당시에는 다리의 기둥 부분만 지어졌고, 아치가 완성된 것은 기원전 142년이었다고 한다.

이 고대 다리의 잔해를 처음 보았을 때 내가 품은 소박한 의문을 아직 풀지 못했다. '고대인들은 왜 이런 각도로 다리를 건설했을까?' 강의 수량이 늘면 왼쪽 기슭과 다리의 접합 부분에 큰 압력이 가해져 다리가 손상될 것이 뻔했다. 그럼에도 탁류의 곡선과 다리가 만들어내는 각도는 그 후로도 시정되지 않았다. 결국 1598년 12월 25일의 대홍수로 결정적인 파손을 입은 후부터는 무너진 다리 즉, 폰테 로토라고 불리게 되었다.

기원전 2세기에 건설된 아에밀리우스 다리가 16세기 말 무너진 다리가 되기까지의 경위를 이야기하자면 긴 시간이 필요하다. 여기서는 간략하게 설명하기로 하자. 이 다리는 최소 네 번의 큰 홍수로 파손되었다. 그때마다 대규모 복원 공사가 이루어지고 이름도 여러 번 바뀌었다. 중세에는 왼쪽 기슭의 신전 터에 지어진 산타 마리아 에기지아카 성당(872년)의 이름을 따 산타 마리아 다리라고 불리었다.

12세기가 되면서 북이탈리아 각지에 코무네(자치도시)가 탄생했다. 로마에서도 민중은 교황 권력에 대해 불복종을 표명했다. 그리고 고대부터 이어진 '원로원과 민중의 로마

Senatus Populus Que Romanus(줄여서 S·P·Q·R)라는 공화정의 정신을 계승해 원로원의 복권을 제창했다. 의원 수도 56명으로 정해졌다. 고대의 타불라륨(공문서 보존관)이 있던 캄피돌리오 언덕 중턱에 세나토리오 궁전이 지어졌을 무렵 원로원의 주도와 경비 지출로 아에밀리우스 다리의 복원 및 재건 공사가 실시되었다(1144년 이전). 그 후로는 세나토리오(원로원) 다리라고 불리게 되었다.

그 후에도 대홍수로 몇 차례 다리가 손상되었다. 교황 파울루스 3세가 미켈란젤로에게 이 다리의 재건을 의뢰한 일은 후세의 이야깃거리가 되기도 했다. 앞서 캄피돌리오 언덕을 내려가 코르도나타 계단과 이어지는 거리를 300m쯤 걸어가면 바로크 양식의 전형이라 할 수 있는 일 제수 성당이 있다고 이야기했다. 이 성당은 소위 대항종교개혁 Contrareformatio의 본거지가 되었다. 이를 주도한 인물이 예수회를 인가(1540년)한 교황 파울루스 3세였다. 일 제수 성당 안에는 일본에서 포교 활동을 펼친 성 프란시스코 자비에르의 예배당도 있다.

과거 매일같이 캄피돌리오 언덕 주변을 산책하던 나는

가끔 폰테 로토보다 조금 아래쪽의 왼쪽 강기슭에서 걸음을 멈추곤 했다. 원형 신전(통칭 베스타) 근처로, 바로 옆에는 정방형 신전(통칭 포르투나 비릴레)도 있다. 둘 다 기원전 2세기 공화정 시대에 지어진 신전으로 고대 로마의 건축물 중에서도 당시의 모습을 가장 잘 보존하고 있다.

여름에는 뜨거운 햇살 아래 빨강, 하양, 분홍 빛 유도화가 신전 주위를 화사하게 장식한다. 지금 그 자리에 걸려 있는 팔라티노 다리(1886~1890년 건설)는 주변의 고대 세계의 정경과 어울리지 않는 통일 왕국 시대의 부자연스러운 근대화의 산물이다. 또 왼쪽 강기슭을 따라 뻗어 있는 도로는 지나치게 도로 폭을 넓힌, 파시즘 시기의 군용도로의 잔재이다. 분단된 거리 반대편에는 아름다운 로마네스크 양식의 종루가 솟아 있는 산타 마리아 인 코스메딘 성당이 보인다(6세기 창건). 성당의 정면 주랑柱廊 안쪽에 있는 '진실의 입'에 손을 넣어보려고 찾아오는 관광객들로 늘 북적이는 장소다. 그 밖에도 통칭 콜라 디 리엔초의 저택(정확히는 11세기에 지어진 크레센치오의 저택)과 사면이 아치로 장식된 지아노 개선문(4세기 건립) 그리고 산 조르조 인 벨라브로 성당(6세기 창건) 등이 있다.

이들 신전과 성당, 저택과 개선문 모두 충분히 오래된 건축물이다. 그 역사는 중세 전기부터 기원전까지 거슬러 올라간다. 하지만 그보다 더 오랜 옛날 로마의 모습은 어땠을까? 어느새 나는 전설의 시대 로마를 떠올리며 폰테 로토 하류의 강기슭에서 종종 걸음을 멈추었던 것이다. 겨울이 찾아오고 강가의 가로수들이 마른 잎을 떨어뜨릴 무렵이면 테베레강의 수위가 높아진다. 소용돌이치는 탁류가 거칠게 호안護岸 벽을 때린다. 강물이 범람하는 것은 대개 11월부터 2월 사이였다.

일본에 비해 로마에서는 비오는 날이 드물었다. 로마의 비는 10월부터 3월 즉, 가을에서 봄에 집중된다. 1966년 10월 피렌체에 큰 홍수가 났던 어느 날, 나는 금방이라도 비가 쏟아질 듯한 테베레강가를 거닐며 원형의 베스타 신전과 정방형의 포르투나 비릴레 신전이 빗속에 고립되고, 주변 언덕 사이를 테베레강의 탁류가 흘러넘쳐 습지로 변한 모습을 상상했다.

베스타 신전의 기단 아래에서 강으로 흘러가는 고대의 대하수도 클로아카 맥시마Cloaca Maxima(기원전 4세기 무렵 암거 방식으로 시설)가 지어지기 전 이 일대에는 강물이 흘렀을

일요화가 프란츠가 19세기 말에 그린 테베레강의 풍경(부분). 강가에 세워진 원형의 베스타 신전과 산타 마리아 인 코스메딘 성당의 종루, 그리고 고대의 클로아카 맥시마(대하수도)도 수면 가까이에 그려져 있다.

것이다. 앞서 소개한 지도(39쪽)에도 테베레강으로 흐르는 지류 하나가 팔라티노 언덕을 지나 두 갈래로 갈라지는 것을 알 수 있다.

하수도가 설치되고 정비된 포로 로마노가 탄생하기 전까지 습지를 흐르는 강줄기를 벨라브룸Velabrum이라고 불렀다고 한다. 마찬가지로 팔라티노와 아벤티노 언덕 사이에 세워진 치르코 마시모Circo Massimo(대경기장) 중앙에도 도랑을 파고 강물을 끌어들여 흐르게 했다고 한다. 언덕 일대를 흐르는 강의 정경은 클로드 로랭과 같은 고대 로마에 매료된 화가들의 작품 속에 다수 남아 있다. 최근까지도 당시와 비슷한 도랑이 고대의 폐허 속에서 가축 무리가 모여드는 장소가 되어 있었다.

세월이 흘러 교회국가가 이탈리아 왕국에 병합된 1870년 이후에는 일요화가 에트뢰 프란츠(1845~1907년)가 급격히 사라져가던 로마의 전근대적 정경을 소박한 수채화로 담아냈다. 그의 작품을 보고 있으면 수도가 형성되는 과정에서 사라져간 목가적 풍경에 대한 아쉬움과 함께 로마제국 재건의 야망을 품은 파시즘 정권이 신화와 원시의 풍경을 근대화에 뒤처진 가난한 풍경으로 치부하며 파괴해버렸다는 것을 알 수 있다.

그런 생각을 하며 강변을 거닐다 보니 테베레강이 범람하면서 우연히 습지대의 도랑을 역류한 부근에 표류해온 쌍둥이 형제 로물루스와 레무스나 그렇게 생긴 자연적인 후미에 머나먼 바다에서 트로이아의 영웅 아이네이아스의 배가 거슬러 올라왔다는 전설도 단순히 지어낸 이야기인 것 같지는 않았다.

다양한 문헌을 조사하면서 나는 자신이 멈춰 서 있던 부근에 기원전 500년경 이른바 전설의 시대였던 왕정부터 공화정 시대에 걸쳐 나무다리 하나가 걸려 있었다는 것을 알았다. 그것이 고대 로마 최초로 지어진 다리였을 것이다. 다리의 이름은 목재를 뜻하는 수블리키우스Sublicius (Sublicio·이탈리아어로는 수블리초) 즉, 나무로 만든 다리이다(한참 떨어진 하류에 있는 지금의 수블리초 다리와는 다르다). 이 나무다리가 제4대 왕 안쿠스 마르키우스(B.C. 641~616년 재위) 때 지어졌다는 것은 분명하다. 당시에도 이미 돌로 다리를 만드는 기술이 있었다. 그런데 왜 나무다리를 만들었을까?

그 이유는 간단하다. 파괴하기 쉽게 나무로 다리를 만든 것이다. 『당세 로마의 초상』(1645년)에 실린 흥미로운 그림을 살펴보자. 두 개의 다리가 그려져 있고 설명이 쓰여 있다. 위쪽이 '세나토리오 다리', 아래쪽이 '성스러운 수블리초 다리'이다. 굳이 '성스러운'이라는 형용사를 붙인 것은 '고귀한 업적을 이룬 장소'라는 것을 나타내기 위해서일 것이다.

공화정이 막 시작되었을 무렵 에트루리아의 강력한 왕 포르센나가 침략했다. 야니쿨룸Ianiculum(Gianicolo·이탈리

『당세 로마의 초상』(1645년). 위쪽의 돌다리가 세나토리오 다리, 아래쪽이 성스러운 수블리초 다리.

아어로 자니콜로) 언덕을 수중에 넣으며 로마의 턱밑까지 쳐들어왔다. 로마군은 후퇴를 시작했다. 그리고 테베레강의 나무다리 수블리키우스를 파괴하려는 계획을 세웠다. 아군이 다리를 모두 무너뜨릴 때까지 다리 위에서 홀로 싸우며 적군의 군세를 막아낸 애꾸눈의 영웅이 호라티우스 코크레스였다.

마침내 아군이 나무다리를 무너뜨리자 코크레스는 강물에 뛰어들어 무사히 살아 돌아왔다고 한다. 다만 물살에 휩쓸려 목숨을 잃었다는 설도 있고, 한쪽 다리를 잃었다는 설도 있다. 리비우스의 『로마사』 제2권에 자세히 나와 있다.

언덕 위 쌍둥이 탑이 있는 성당 앞에 오벨리스크가 세워지면서(1789년) 꽃의 무대가 완성되었다. 봄이면 백악의 스페인 계단에 아잘레아 화분이 가득 늘어선다.

Ⅲ 스페인 계단을 내려다보며

스페인 광장은 어느 시대에나 사람과 물이 모이는 장소.

성문으로 순례자와 대홍수가 밀어닥쳤다.

고대에는 거대한 모의 해전장, 나우마키아Naumachia가 건설되고

비르고 수로Aqua Virgo가 개설되었다.

근세에는 바르카차 분수Fontana della Barcaccia와

콘도티 거리 그리고 리페타 항구…

끝으로 백악의 바로크 계단이 지어졌다.

1

로마에서 가장 인기 있는 교회는 스페인 계단 위 쌍둥이 탑이 있는 성당일 것이다. 워낙 유명한 장소이지만 정식 이름조차 모르는 사람이 많다. 그만큼 주변의 화려한 분위기가 사람들의 마음을 끈다. 그 성당 앞에 서보자.

트리니타 데이 몬티Trinita dei Monti(언덕의 삼위일체) 성당. 즉 '성부', '성자', '성령'의 위격을 하나로 여기는 교의에서 유래한 이름이다. 이탈리아의 교회가 아니다. 이탈리아에서는 성인의 이름을 붙이는 것이 일반적이기 때문이다.

파리의 노트르담 대성당에 익숙한 프랑스인이라면 자

연스럽게 마음이 갈 것이다. 쌍둥이 탑은 프랑스의 양식이기도 하다. 핀초 언덕으로 향하는 가로수길을 따라 걷다 보면 나오는 빌라 메디치 건물도 쌍둥이 탑의 형식을 따르고 있다. 원래는 다른 곳에 있던 미술 아카데미를 나폴레옹이 이곳으로 옮겨오면서 프랑스 아카데미로 사용되고 있다. 미술과 음악을 배우기 위해 온 프랑스 유학생들의 거점이 되었다.

흔히 스페인 계단으로 불리는 새하얀 돌계단 - 정확한 이름은 트리니타 데이 몬티 계단 - 을 내려가기 전에 먼저 쌍둥이 탑 성당의 정면 입구로 올라가보자. 좌우 양쪽으로 나뉜 돌계단이 있다. 계단 난간이 어쩐지 낮이 익을 것이다. 캄피돌리오 언덕의 세나토리오 궁전 입구에 있던 난간과 거의 같기 때문이다. 1587년 교황 식스투스 5세가 그의 복심이었던 건축가 도메니코 폰타나에게 의뢰해 만들었다.

트리니타 데이 몬티 성당의 입구는 대부분 닫혀 있다. 비록 내부를 볼 수는 없어도 돌계단 위에서 내려다보는 전망은 훌륭하다. 동시에 그 빼어난 경관은 내게 '영원의 도시' 성립에 관해 - 캄피돌리오 언덕 위에서와는 다른 - 새

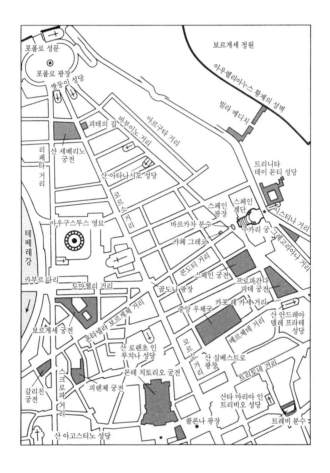

보르게세 정원

포폴로 성문

포폴로 광장

쌍둥이 성당

아우렐리아누스 황제의 성벽

빌라 메디치

바부이노 거리

바르구타 거리

괴테의 집

산 세베리노 궁전

리페타 거리

산 아타나시오 성당

트리니타 데이 몬티 성당

코르소 거리

스페인 계단

시스티나 거리

스페인 광장

아우구스투스 영묘

바르카차 분수

쿠카리 궁

그레고리아나 거리

카페 그레코

테베레 강

카부르 다리

토마첼리 거리

콘도티 거리

스페인 궁전

프로파간다 피데 궁전

골도니 광장

보르게세 궁전

폰타넬라 보르게세 거리

중앙 우체국

카포 레 카세 거리

메르체데 거리

산 안드레아 델레 프라테 성당

산 로렌초 인 루치나 성당

코르소 거리

산 실베스트로 광장

트리토네 거리

스크로파 거리

몬테 치토리오 궁전

피렌체 궁전

갈리친 궁전

산타 마리아 인 트리비오 성당

콜론나 광장

트레비 분수

산 아고스티노 성당

로운 의문을 품게 했다.

걷잡을 수 없이 깊어지는 생각을 진정시키기 위해 나는 가로수길가의 빌라 메디치를 지나 핀초 언덕의 전망대까지 걸었다. 눈앞에 오벨리스크(고대 이집트의 방첨비)가 세워진 포폴로 광장이 내려다보였다.

저 멀리 산 피에트로 대성당의 거대한 돔이 보인다. 하지만 마음은 여전히 진정되지 않는다. 광장의 복잡한 거리로 내려가면 유쾌한 소란에 휩쓸려 생각의 방향을 잃고 말 것이다. 다시 가로수길로 돌아와 트리니타 데이 몬티 성당 앞에 섰다. 그 작은 광장에도 오벨리스크가 우뚝 서 있다. 대체 오벨리스크는 무엇을 위해 세운 것일까.

'영원의 도시'를 이해하려면 조금씩 자신의 생각을 정리해야 한다. 로마 생활을 시작한 지 얼마 지나지 않아 깨닫게 된 점이었다. 1966년 정월의 일이었다. 가난한 유학생 신분이었던 나는 우연히 지인의 소개로 파리올리 거리의 부유한 집에서 하숙을 하게 되었다.

로마시 북쪽에 펼쳐진 파리올리 언덕은 소위 부르주아들이 거주하는 지역이다. 남쪽으로 골짜기 몇 개를 지나 광대한 보르게세 정원(현재는 일반에 공개된 공원이다)의 녹지대를 가로지르면 도보로 30분이 채 안 돼 핀초 언덕에 도착했다. 어느 지점에서든 반드시 성벽을 가로질러 오게 된다.

외적의 침입에 대비해 성벽을 건설한 아우렐리아누스 황제는 기존의 일곱 언덕에 더해 여덟 번째 언덕까지 성벽으로 에워쌌다. 바로 핀초Pincio(Pincius·라틴어로는 핀키우스) 언덕이다. 그뿐만이 아니다. 핀초 언덕 끝에 포폴로 성문을 만들어 테베레강 사이를 비교적 거리가 짧은 성벽으로 연결하고, 왼쪽 기슭을 따라 강 하류까지 성벽을 연장해 강물이 굽이치는 넓은 유역 이른바 캄포 마르치오Campo Marzio(군신 마르스의 평야)까지 효과적으로 둘러싼 것이다.

가끔 쌍둥이 탑 성당의 입구 문이 열려 있을 때도 있었다. 하나뿐인 신랑身廊(성당 건축에서 좌우의 측랑 사이에 끼인 중심부-역주)은 본래도 별로 넓지 않은 곳을 철책으로 나누어 더욱 좁게 느껴진다. 외부인이 접근하기 어려운 만큼 내부 사람들은 조용히 기도를 할 수 있다. 기도를 마친 수녀들이 흡족한 표정으로 외부인에게 공개되지 않는 왼쪽 정원으로 사라지는 모습이 인상에 깊이 남았다.

살짝 엿보이는 화사한 정원과 달리 성당 안은 좁고 어두운 탓에 다니엘레 다 볼테라가 그린 프레스코화조차 감상하기 쉽지 않다. 마찬가지로 빌라 메디치의 건물과 정원도 외부인에게 열려 있는 장소라고는 말하기 어렵다.

언덕 위 성당이나 그에 딸린 정원이 자주 닫혀 있기 때문이다. 관광객들은 개방적인 스페인 계단의 새하얀 난간과 층계참에 모여든다. 계단을 오르거나 내려가는 것도 아니다. 추운 겨울에도 사람들은 계단으로 몰린다. 크리스마스가 다가오면 중앙의 층계참에 그리스도 탄생 모습을 재현한 마구간 장식이 등장한다. 그리고 산에서 내려온 목동들이 삼포냐를 불면 트라베르티노 계단은 구경하는 사람들로 가득 찰 것이다. 봄이면 봄대로 화분 가득 흐드러지게 핀 꽃들로 장식되어 돌계단은 그야말로 화사한 꽃과 사람들의 폭포를 이룬다.

무대와 같은 이 돌계단이 조성된 것은 비교적 새로운 시대(1723~1727년)의 일이다. 후기 바로크 예술의 걸작이라 할 법한 이 스페인 계단의 설계로 무명에 가까웠던 건축가 프란체스코 데 상티스Francesco de Sanctis(1693~1740년)는 영원히 이름을 남기게 되었다.

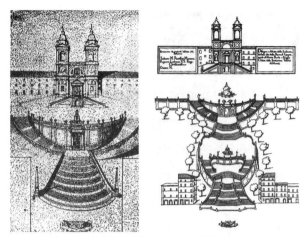

스페인 계단의 설계안. 왼쪽이 스페키, 오른쪽이 데 상티스.

하지만 계단 설계안이 확정되기까지 우여곡절이 있었
다. 여기서 자세히 이야기할 여유는 없지만 기본적인 의
도를 파악할 수 있도록 데 상티스의 설계안과 그와 대립했
던 스페키의 설계안을 소개하기로 한다. 두 설계안 모두
기하학적 형태를 띠고 있다. 하지만 데 상티스 쪽이 좀 더
인간적인 설계에 가까워 보인다. 단지 설계안만 보고 판
단한 것은 아니다. 통행인으로서 직접 이 백악의 계단을
오르내리며 느낀 것이다.

사람이 쉽게 오르내릴 수 있는 계단. 12개 계단마다 평탄한 계단참이 있다. 오르내리는 각도도 미묘하게 다르며 곳곳에 휴식 장소가 있다. 전망할 수 있는 시야나 시각도 복잡하고 풍성하다. 비가 오면 층계를 따라 청아한 물길이 만들어진다.

　미적 감각뿐 아니라 계단을 이용하는 사람들의 편의까지 생각한 설계이다. 그런 기본적인 감각에 충실한 설계야말로 진정한 예술가가 추구하는 것이 아닐까. 바로크 예술은 감정적인 측면이 강조되기 쉽지만 기본이 되는 정신, 이른바 인간성의 존중 역시 소홀히 해서는 안 될 것이다.

　후기 바로크의 이 돌계단이 조성되기 이전의 정경을 상상해보자. 여덟 번째 핀초 언덕(예컨대 빌라 메디치 앞쪽)에서 바라본 정경은 현재와 큰 차이가 없었다. 멀리 캄피돌리오 언덕과 세나토리오 궁전의 종탑이 보인다. 돌계단 자리에는 가로수가 늘어선 내리막길이 있었다. 지오반니 바티스타 팔다Giovanni Battista Falda의 지도(1676년)를 통해서도 확인할 수 있다. 트리니타 데이 몬티 성당의 쌍둥이 탑과 정면 입구의 계단은 이미 완성되어 있었다. 스페인 광

도티의 저서(1638년)에 그려진 바르카차 분수. 언덕에는 아직 가로수도 없었다.

장의 바르카차 분수도 있었다. 콘도티 거리도 지금과 거의 같다. 돌계단만 없었던 것이다.

한여름의 뜨거운 햇살 아래, 예나 지금이나 사람들은 바르카차 분수 주변으로 모여들었다. 1638년 폼필리오 토티 Pompilio Totti가 출간한 서적에 바르카차 분수를 그린 가장 오래된 그림이 실려 있다. 그때 바르카차 분수를 만든 예술가 피에트로 베르니니Pietro Bernini(1562~1629년)가 아니라 그의 아들 잔 로렌초 베르니니Giovanni Lorenzo Bernini라고 잘못 표기되었던 것 같다. 로마 연구가 체사레 도노프리오Cesare D'Onofrio가 두 권의 저서를 통해 꾸준히 정정했음에도 여전히 잘못 표기되는 일이 많다.

여러 번 인용했던 『당세 로마의 초상』(1645년)은 필리포 데 로시Filippo De Rossi가 도티로부터 권리를 넘겨받아 출간했기 때문에 그 안에도 도티가 그린 그림이 실려 있다. 1600년대 여행자나 순례자들은 이 안내서를 통해 로마를 이해했다. 트리니타 데이 몬티 성당 건립이 프랑스 왕 루이 11세의 비원으로 시작되었다는 것과 그가 칼라브리아의 성자 프란체스코 디 파올라Francesco di Paola의 열렬한 신자였다는 것, 그리고 성자의 기적을 기대하다 허무하게 병사했다는 이야기도 쓰여 있다.

왕의 비원은 아들인 샤를 8세에 의해 이루어졌다. 마키아벨리가 『군주론』에서 이탈리아반도의 위기를 논한 무렵의 일이다. 1400년대 말부터 1500년대 말까지 거의 100년에 걸친 성당 건립이 완성된 것은 1585년 교황 식스투스 5세 때였다.

쇼핑객들로 붐비는 콘도티 거리가 물길을 만들기 위해 도로에 설치한 도수관導水管(condotti)에서 유래했다는 것은 일반 가이드북에도 쓰여 있다. 그 도수관의 근원이 스

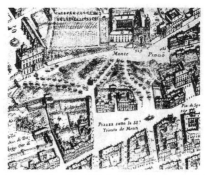

팔다의 지도(1676년)에 따르면 스페인 계단의 전신은 가로수 언덕길이었다.

페인 계단 아래 바르카차 분수 주변에 있다는 것도 상상할
수 있다.

이탈리아어로는 베르지네 수로라고 불리는 고대의 비
르고 수로Aqua Virgo는 아우구스투스 황제(B.C. 27~A.D. 14
년) 시절 그의 측근이었던 아그리파Marcus Agrippa에 의해
건설되었다. 이미 공화정 시대부터 로마에는 여러 개의
수로가 건설되었다. 멀리 떨어진 수원지로부터 물을 끌어
오는 수도교는 고대 로마가 자랑하는 경관이었다. 하지만
동시에 침입자에게는 '영원의 도시'를 파괴하기에 더없이
좋은 표적이었다.

그런 이유로 더 가까운 수원지에서 양질의 물을 공급할 방법을 찾고 있었다. 그때 한 처녀Virgo(Vergine·라틴어로는 비르고, 이탈리아어로는 베르지네)가 물이 솟아나는 샘의 위치를 알려주었다고 한다. 그리하여 기원전 19년 동북동 방향 12km 부근에서부터 오로지 지하를 통해 물을 끌어오는 비르고 수로가 완공되었다.

비르고 수로의 주요 목적은 뒤에서 이야기할 도시의 중심부 즉, '베키아 로마'의 아그리파 공공욕장에 물을 공급하는 것이었다. 그중 일부가 핀초 언덕에서 아래로 공급되었다. 바르카차 분수의 물은 백악의 계단을 따라 흘러내려온 것이다.

말하자면 파리올리 언덕에서 골짜기 몇 개를 넘어 보르게세 정원의 분수를 지나 트리니타 데이 몬티 성당 앞으로 나올 때 나는 지하의 베르지네(비르고) 수로를 따라 걸어온 셈이었다. 그것을 깨달은 날부터 새하얀 돌계단을 걸어 내려갈 때나 골도니 광장을 향해 콘도티 거리를 걸을 때면 눈에 보이지 않지만 발밑을 흐르는 물줄기를 느끼게 되었다.

고서점이 많아 자주 찾던 골도니 광장에서, 콘도티 거

바르카차 분수 주위에 모여 있는 사람들. 햇살이 뜨거운 여름에는 더 많은
사람들이 모여든다.

리와 코르소 거리가 교차한다. 이곳에서 지하의 베르지네

수로도 둘로 나뉘는 것처럼 보이지만 실은 그렇지 않다.

약간 오른쪽으로 뻗어 있는 큰길 즉, 토마첼리 거리는 19

세기 말까지 존재하지 않았기 때문이다. 토마첼리 거리는

1901년 카부르 다리의 건설과 함께 새로 만들어졌다. 따

라서 지하의 물줄기는 코르소 거리를 가로질러 곧장 뻗어

나간다.

    그 후, 이름 그대로 폰타넬라fontanella(작은 수도)의 수도

꼭지가 길모퉁이에 남아 있는 폰타넬라 보르게세 거리로

들어간다. 오른편에 있는 건물이 보르게세 궁전. 현재는

스페인 대사관으로 사용되고 있어 정원이나 분수만 조금 볼 수 있다.

쳄발로를 닮은 이 건물 한쪽에서는 종종 작은 전시회나 행사가 열린다. 눈앞에는 카부르 다리가 있고, 리페타 거리에는 차량의 행렬이 끊이지 않는다. 일찍이 이곳에 테베레강 상류 지역과의 교통의 요충지 리페타 항구가 있었다. 리페타Ripetta란 작은 안벽岸壁(항구나 운하 기슭에 배를 댈 수 있게 쌓은 벽-역주)이라는 의미로 테베레강 하류의 아벤티노 언덕 건너편에 있던 큰 안벽을 뜻하는 리파 그랑데Ripa Grande 항구에 대응해 부르던 표현이다.

여기서 주목해야 할 것은 리페타 항구의 계단식 안벽을 설계한 것이 건축가 알렉산드로 스페키Alessandro Specchi(1688~1729년)였다는 점이다. 스페인 계단의 설계안 모집에는 필리포 유바라Filippo Juvarra를 비롯한 쟁쟁한 건축가들이 참가했다고 한다. 하지만 리페타 항구와 관련해 이미 유명세를 떨친 스페키의 설계안이 가장 유력했을 것이다. 그럼에도 당시에는 무명이나 다름없던 데 상티스의 설계안이 선정된 것은 분명 피에트로 베르니니가 만든 바

리페타 항구의 풍경을 그린 피라네시의 판화. 그림 속 나무통을 실은 배 한 척을 확대해서 보면 바르카차 분수의 모습과 매우 유사하다는 것을 알 수 있을 것이다.

르카차 분수의 뛰어난 완성도가 크게 영향을 미쳤을 것이다.

다시 한 번 앞서 소개한 스페인 계단의 두 설계안을 비교해보자. 스페키의 설계안은 보행자의 편의와는 다소 거리가 멀어 보인다. 석재도 백악이 아니라 딱딱하고 옅은 갈색을 띤 응회암이었다. 즉, 부드러운 석회석으로 만든 계단 아래의 바르카차 분수와 이어지는 색이라기보다 계단 위 트리니타 데이 몬티 성당에 사용된 석재의 빛깔이며 재질과 비슷하다.

리페타 항구의 돌계단은 이탈리아 왕국으로 병합된 직

후인 1880년경 파괴되었다. 지금은 카부르 다리 끝에 일부 흔적만 남아 있다. 일찍이 항구 중앙의 반원형 난간에는 마데르노가 설계한 분수도 남아 있었다.

어떤 문헌에서 읽었는지 기억은 정확지 않지만, 스페키는 리페타 항구를 만들 때 판테온 근처에 있던 궁전을 철거하면서 나온 석재를 사용했다고 한다. 어쨌든 리페타 항구는 1703년부터 1705년에 걸쳐 건설되면서 한 시대의 빼어난 건축미를 보여주었지만 그 후 통일 왕국의 수도가 된 로마의 급격한 근대화와 더불어 대제방을 쌓기 위한 호안 공사가 시작되면서 사라지고 말았다.

근대국가의 형성과 함께 급증한 수도 로마의 인구와 테베레강 오른쪽 기슭에 펼쳐진 황야의 개발, 그에 따라 급격히 늘어난 다리의 수, 그리고 도시계획을 표방한 파괴와 일찍이 테베레강의 홍수로 겪게 된 재해가 '영원의 도시'의 과거와 미래를 검토하는 데 중대한 요인이 될 것이다.

시대를 거슬러 1627년부터 1629년에 걸쳐 잔 로렌초의 아버지 피에트로 베르니니는 쌍둥이 탑의 성당과 이어지는 가로수 언덕길 아래에 바르카차 분수를 설치했다. 베르니니는 두 가지 광경을 통해 이런 탁월한 아이디어를 얻었다고 한다. 하나는 대홍수가 지난 후 물이 빠진 거리에 남아 있던 부서진 배의 모습이었다. 충분히 있을 법한 이야기이다.

테베레강의 홍수를 직접 본 적은 없지만 강물이 불어난 강변을 걸으며 상상해볼 수는 있었다. 예컨대 1870년의 홍수는 다음과 같았다고 한다.

'12월 28일 새벽 5시 강물이 크게 불어 범람했다. 시커먼 강물이 플라미니아 거리로 쏟아져 들어와 눈 깜짝할 새 도시의 저지대를 덮쳤다. 탁류는 요란한 소리와 함께 코르소 거리를 휩쓸고 바부이노 거리로 밀려들어와 스페인 광장에 이르렀다. 캄포 디 마르테 전역, 룽가라, 리페타, 게토(유대인 거주구역)까지 잇따라 수마가 덮쳤다. 아름다운 포폴로 광장은 호수로 변했다. 그 한복판에 헬리오 폴리스의 오벨리스크가 우뚝 서 있었다. 하지만 그 기단은 오벨리스크를 둘러싸고 맑은 물을 뿜어내던 사자상의 머리 위까지 물에 잠겼다. 사람들은 배를 타고 거리를 오갔다, 마치 베네치아의 운하처럼.'

독일의 역사가 페르디난트 그레고로비우스Ferdinand

Gregorovius(1821~1891년)의 위와 같은 기록에서도 알 수 있듯 실제 홍수를 통해 바르카차 분수의 아이디어를 얻었다는 것은 충분히 있음직한 이야기이다. 하지만 뛰어난 예술가라면 지하를 흐르는 베르지네 수로의 물줄기에도 민감했을 것이다. 그만큼 가로수 언덕길 아래의 분수와 테베레강의 항구를 잇는 것은 쉽고도 자연스러운 상상이 아니었을까. 앞서 소개한 피라네시의 리페타 항구 풍경 속에도 바르카차 분수의 형태와 흡사한 난파선의 모습이 잘 나타나 있다.

바르카차 분수에 대한 또 다른 아이디어는 고대의 나우마키아Naumachia(모의 해전장)에서 얻었다고 한다. 고대 로마제국의 해상 전력은 리파 그랑데나 테베레강 하구에 건설된 항만의 역사를 통해서도 어느 정도 짐작할 수 있다.

고대 로마인들은 콜로세움이나 치르코 마시모(대경기장)에서 격투기며 전차 경주를 즐겨 했던 만큼 무적에 가까운 육상 전술을 자랑했다. 동시에 테베레강 좌우 기슭에 거대한 인공 연못을 만들어 모의 해전을 실시했다고 한다. 그 모의 해전장이 나우마키아로, 수에토니우스의 『로마

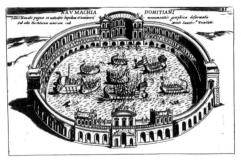

도미티아누스 황제의 나우마키아. 자코모 라우로 『고대 로마의 경이』(1600년
대 초)

황제전』과 오래된 판화 등에 당시의 기록이 남아 있다.

스페인 계단 아래에는 도미티아누스 황제(A.D. 81~96년
재위)의 나우마키아가 있었다. 기원후 1세기 말의 일이다.
다만 그 흔적은 아직 발견하지 못했다. 코르소 거리에까
지 걸쳐 있었다고 기록한 문헌도 있다.

비르고 수로의 위치 등으로 추측하면 스페인 계단보다
조금 더 포폴로 광장에 가까운 부근이 아니었을까. 뒤에
서 이야기하겠지만 비르고 수로의 본류는 스페인 계단 위
에서 남쪽으로, 트레비 분수로 흐른다.

2

이제 현재 로마의 풍경으로 돌아와 데 상티스가 만든 백악의 돌계단을 올려다보자. 트리니타 데이 몬티 성당의 정경은 쌍둥이 탑 사이에 우뚝 서서 하늘을 찌를 듯한 오벨리스크로 완성된다. 초기에는 데 상티스도 삼위일체에 얽매여 단테의 『신곡』의 시적 구조를 계승하듯 돌계단이며 계단참의 수까지 3이나 1을 고집했다고 한다. 하지만 고전적인 구조에 지나치게 얽매이다 보면 신학神學의 엄격한 기준에 가까워질 수밖에 없다.

앞서 살펴본 것처럼 스페키의 설계안은 고루하고 딱딱한 인상을 준다. 스페키와 관련성은 확실치 않지만 산티 도메니코 에 시스토 성당 입구의 돌계단은 흡사 그의 설계안을 실현한 듯하다. 이 계단은 20세기 초 트라야누스 황제의 기념비와 가까운 밀리치에 탑Torre delle Milizie(통칭 네로의 탑)의 주변 도로가 정리되었을 당시 지어진 듯하다. 신학을 중시하는 도미니코회의 성당이므로 관심이 있다면 한 번쯤 둘러보기 바란다. 로마를 이해하려면 결국 직접 걸어 다니는 방법뿐이다.

트리니타 데이 몬티 성당 앞에 오벨리스크가 세워진 이

유도 실은 걷기 위해서였다. 여기에 대해서는 길고 긴 설명이 필요하다. 프랑스 측에서는 트리니타 데이 몬티 성당 앞에 루이 14세의 기마상을 세우려고 했다. 미켈란젤로가 설계한 캄피돌리오 언덕을 모방하려 했던 것이다. 하지만 교황 알렉산드르 7세가 반대했다. 결국 오랜 다툼 끝에 데 상티스의 계단이 만들어졌다.

참고로 계단 아래에는 당시 교회국가였던 스페인 대사관이 있었다. 스페인 계단 일대는 프랑스와 스페인이라는 두 열강이 대립하는 장소가 되었다. 그뿐만이 아니다. 계단 오른편에는 일찍이 영국 시인 존 키츠가 살던 집이 있으며, 현재도 키츠·셸리 기념관으로 쓰이고 있다. 이 일대는 본래 외국인들이 다수 거주하던 지역이었다.

전 세계의 수많은 사람들이 로마로 모이는 근본적인 이유는 바로 성지순례이다. 게다가 2000년은 대성년이 되는 해였다. 전 세계 가톨릭 신자들의 눈길이 성지 로마로 향했다. 순례자들을 맞을 준비가 진행되었다. 모든 성당과 궁전과 광장과 미술관이 십 년 남짓한 시간 동안 아름답게 재단장되었다.

여기서 잠시 로마의 성지순례 시스템에 대해 간단히 설명하기로 하자. 특정 해마다 이루어지는 이런 관습을 성년聖年이라는 거룩한 표현으로 바꾸어 처음 제창한 것은 1300년 교황 보니파티우스 8세(1294~1303년 재위)였다. 성년은 대사大赦(고해성사를 통해 죄가 사면된 후 남은 벌을 교황이나 주교가 면제해주는 일-역주)와 표리의 관계이다. 즉, 성년은 교황청의 대사를 받을 수 있는 기회이다. 신자들이 교황의 대사를 얻기를 바라는 것은 인지상정이다. 처음에는 100년을 주기로 정해졌다. 하지만 나중에는 50년, 더 나아가 25년을 주기로 정해졌다. 성지순례는 평범한 사람들에게는 좀처럼 오지 않는 좋은 기회이다.

전 세계 신자들이 향하는 곳은 천국으로 가는 입구의 '열쇠'를 쥐고 있는 산 피에트로 대성당이다. 또 신자로서는 모처럼 로마를 방문했으니 일곱 곳의 바실리카basilica(교황으로부터 특권을 받은 격이 높은 대성당-역주)를 전부 돌아보는 것이 당연한 일이었다.

다음 페이지에 실은 '로마의 일곱 대성당 순례 지도'(산 피에트로 대성당은 미완인 상태였으며 시스토 다리 역시 지어지기 전이었다)는 당시 순례자들의 열정을 생생히 그리고 있다. 중세

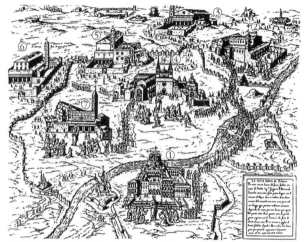

로마의 일곱 대성당 순례 지도. A. 라프레리(1575년) 작. 지도 안에 붙인 번호는 본문을 참조. 왼쪽 아래가 지금의 포폴로 성문. 순례자들의 흐름에 주의.

이후 대부분의 순례자들은 북쪽에서 밀비오 다리를 통해 테베레강을 건넌 후 플라미니아 가도를 따라 성문에 도달했다.

먼저, 정면 오른쪽에 거대한 산 피에트로 대성당①이 보인다. 미켈란젤로의 돔 지붕은 아직 완성되기 전이었다. 플라미니아 성문 즉, 후의 포폴로 성문에서 입국 허가를 요청한다.

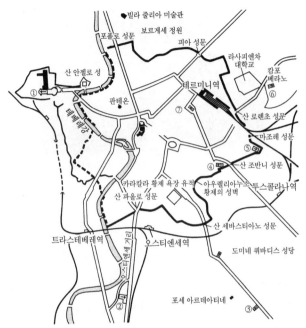

일곱 대성당의 위치, 아우렐리아누스 황제의 성벽(점선은 대부분 파괴)과 주요 성문. 지도 안의 번호는 본문을 참조.

경건한 순례자들은 곧장 산 피에트로 대성당으로 가기 위해 산 안젤로 성 앞의 다리를 건널 것이다. 대성당에서 예배를 마친 후에는 테베레강의 오른쪽 기슭을 따라 남하해 티베리나섬 하류의 다리 즉, 세나토리오 다리(무너진 다리를 임시로 보강해 사람이 건널 수 있도록 했다)를 건너 아벤티노

마조레 성문. 아치 위로 고대 수도관의 흔적이 남아 있다.

언덕을 지나 호민관 카이우스 세스티우스의 백색 피라미드 옆 성문으로 향한다. 이 산 파올로 성문을 지나 같은 이름의 대성당②까지 갔다. 요즘은 피라미드에서 산 파올로 대성당을 걸어서 순례하는 사람은 드물 것이다. 지하철로 두 정거장만 가면 금방 도착하기 때문이다.

로마의 지하철은 역과 역 사이가 길어봤자 1km 남짓, 짧으면 500m 정도밖에 되지 않는다. 물론 뙤약볕 아래에서 걷는 것은 쉬운 일이 아니다. 순례길의 고난은 그것을 극복했을 때 비로소 자신의 죄가 사라지고 기쁨으로 바뀐다고 한다.

단테Dante Alighieri(1265~1321년)는 『신곡』에서 '지옥'과 '천

국' 사이에 '연옥'을 만들었다. 정죄의 산이라고도 불리는 연옥의 산은 일곱 개의 층으로 이루어져 있다. 한층 한층 오를 때마다 자신이 저지른 죄가 하나씩 사라지고 마침내 일곱 가지 죄가 사라진다. 일곱 가지 큰 죄가 모두 사라지면 몸이 가벼워지고 영혼은 지상낙원에 도달해 드디어 천국으로 올라간다.

피라미드 옆 성문을 지나 직선으로 뻗은 널찍한 오스티엔세 거리를 걸어가면 왼편으로 거대한 종합도매시장이 보일 것이다. 평일 오전 시내의 길모퉁이에서 눈에 띄는 민간 시장과 딴판인 대도시 로마의 주방 그리고 유통 기구의 내부를 엿볼 수 있다. 한편 오스티엔세 거리를 걸으면 바로 오른쪽에 테베레강이 흐르고 있다는 것을 깨닫는다. 철도나 자동차도로가 생기기 전 로마에는 티레니아해의 항구로 각지의 포도주와 밀가루 등을 실은 배가 들어왔다.

농산물만이 아니다. 고대 로마는 당시 로마의 속주였던 아프리카에서 거대한 오벨리스크를 실어왔다. 로마에 사는 친구들의 이야기로는 그들의 먼 조상이 이집트에서 오벨리스크를 실어올 때는 배 위가 아닌 뱃전에 동여매 물의 부력을 이용했다고 한다. 다만 옛 지도에서 그것을 증명

할 만한 내용은 찾지 못했다. 스테파노는 진짜 이집트의 오벨리스크는 이음새가 없는 바윗덩어리 하나를 통째로 잘라서 만든다고 알려주었다. 한편 로베르토는 그런 오벨리스크 중에도 이집트에서 가져온 것이 아닌 모조품도 꽤 많다고 했다.

산 세바스티아노 대성당③으로 가는 순례길은 확실치 않다. 하지만 산 파올로 대성당에서 동쪽으로 3km 남짓 걷다 보면 금방 도착할 것이다. 앞서 소개한 고지도에는 산 세바스티아노 대성당으로 가는 중간에 두 곳의 작은 성당을 들르는 것처럼 그려져 있다.

여기서는 현대인을 위한 순례지 중 하나로 산 세바스티아노 대성당 근처의 포세 아르데아티네Fosse Ardeatine에 들러보기를 권한다. 1944년 3월 24일, 원색 채석장이었던 이 동굴에 연행되어온 이탈리아인 335명(반파시즘 사상의 정치범과 유대계 시민 등)이 독일군에 의해 무참히 학살되었다. 로마 시내의 라셀라 거리에서 독일군 32명이 파르티잔에 의해 살해된 사건에 대한 보복 조치였다.

영화 〈무방비도시〉(로베르토 로셀리니 감독, 1945년)에 그려진 것처럼 당시 로마는 독일군의 점령하에 있었다. 당시의 정황에 대해 간략히 설명하자면 다음과 같다.

1943년 7월 25일 무솔리니가 실각하고 국왕의 신임하에 바돌리오 정권이 탄생했다. 9월 8일 바돌리오 정부가 연합군과의 휴전을 발표하고, 국왕 이하 정부 고관들은 로마를 탈출해 남이탈리아 브린디시로 피신했다. 잇따라 독일군이 점령한다.

9월 9일 로마에서 반파시즘 정당의 대표가 국민해방위원회CLN를 결성하고, 독일군 점령하의 각지에서 시민에 의한 저항운동과 해방투쟁이 시작된다.

이처럼 수많은 희생과 비극을 겪은 후 이미 시칠리아 섬에 상륙한 연합군의 북상과 함께 이탈리아는 남쪽에서부터 해방을 맞았다. 로마가 해방된 것은 1944년 6월이다. 또 저항운동이 극렬했던 북이탈리아에서는 무장투쟁이 더욱 치열했다. 마침내 이탈리아 전역이 해방된 것은 1945년 4월 25일이다. 그리고 4월 27일 파르티잔은 북이탈리아 코모 호숫가에서 도피 중이던 무솔리니를 붙잡아 처형했다.

산 세바스티아노 대성당 지하에는 고대의 그리스도교

도 박해 시대에 사용되었던 카타콤베Catacombe(지하 묘지)
가 있다. 미로와 같은 지하를 둘러보고 지상으로 나오면
포세 아르데아티네의 참극이 겹쳐지며 잊어서는 안 될 역
사의 비극이 더욱 아프게 다가온다.

로마의 대성당 순례자들은 헨리크 시엔키에비치Henryk
Sienkiewicz의 소설로도 유명한 도미네 쿼바디스 성당 앞
을 지나 산 피에트로(성 베드로)와 같이 원래의 길로 되돌아
간다. 그리고 구 아피아 가도의 성문(현재는 산 세바스티아노
성문)을 통과해 로마의 성벽 안으로 들어간다.

거기서부터는 아우렐리아누스 황제가 쌓은 성벽을 따
라 오른쪽으로 나아간다. 먼저, 산 조반니 인 라테라노 대
성당④을 참배한다. 바티카노 언덕의 산 피에트로 대성당
으로 옮기기 전까지 교황청은 오랫동안 이곳에 있었다.

산 조반니 인 라테라노 대성당을 나와 계속 오른쪽으로
걸어가면 산타 크로체 인 제루살렘메 대성당⑤에 도착한
다. 다음은 고지도에서도 알 수 있듯, 일단 성벽 밖으로 나
와 북쪽으로 걷다 보면 나오는 산 로렌초 푸오리 레 무라
대성당⑥으로 간다. 현대의 순례자들은 산타 크로체 대성
당을 나와 고대 수도교의 아치를 볼 수 있는 마조레 성문

공동묘지 캄포 베라노 한구석에 잠든 시인 주세페 운가레티.

부근에서 철도 선로를 지나 광대한 공동묘지 캄포 베라노
의 입구에 세워진 산 로렌초 대성당에 도착한다.

그 후, 현대의 순례자들은 하나의 장애물에 부딪친다.
현대의 로마 지도와 비교해보면 산 로렌초 대성당에서 산
타 마리아 마조레 대성당⑦으로 가는 길에 테르미니역의
거대한 역사가 들어섰기 때문이다.

산 로렌초 대성당은 제2차 세계대전 당시 연합군의 폭
격으로 파괴되었다. 묘지에까지 폭탄이 빗발처럼 쏟아졌
다. 주세페 운가레티Giuseppe Ungaretti(1888~1970년)는 전화
(戰火)에 사라져간 망자들을 떠올리며 '사자死者들을 죽이

는 것을 멈춰라 / 두 번 다시 소리치지 말라, 울부짖지 말라…'는 시를 남겼다. 그런 그도 지금은 캄포 베라노의 한 구석에 잠들어 있다.

산 로렌초 대성당과 테르미니역 사이에는 파시즘 시대에 조성된 라사피엔차대학교가 있기 때문에 그곳을 가로질러 가게 된다. 어쨌든 테르미니역을 지나면 순례자들의 마지막 목적지 산타 마리아 마조레 대성당이 눈앞에 나타난다.

산타 마리아 마조레 대성당의 뒤쪽 정면. 계단 아래쪽 광장에 세워진 오벨리스크. 제단 뒤쪽으로 돌출된 반원형 후진後陣(Abside)의 왼쪽 문 안쪽에 베르니니가의 묘가 있다. 앞쪽 정면으로 보이는 종루(해발 75m)는 시내 곳곳에서 보일 만큼 높아 순례자들의 지표가 되었다.

Ⅳ 오벨리스크를 따라가며 ▍

로마의 광장에 세워진 뾰족하고 거대한 돌기둥.
오벨리스크는 고대에, 아프리카 대륙에서
통바위를 잘라 만들었다.
오벨리스크를 세운 이유는 무엇일까.
로마에는 몇 개의 오벨리스크가 있을까.
아직 땅 밑에 잠들어 있는 것도 있을 수 있다.

1

산타 마리아 마조레 대성당은 일곱 언덕의 가장 높은 장소에 세워졌다. 지금 보면 그리 높은 곳에 있다는 생각은 들지 않을 것이다. 테르미니역에서 평평한 길을 따라 약 300m쯤 남서쪽으로 걸어가면 이내 장대한 성당의 모습이 보이기 때문이다.

에스퀼리노 언덕 위에서도 가장 높은 키스피오Cispio (Cispius·키스피우스) 봉우리 부근에 지어졌다. 유명한 전설이 있다. 352년 당시의 교황 리베리우스는 꿈에 성모 마리아의 계시를 받았다. '눈이 내린 곳에 교회를 세우라'는 것이었다. 그러자 한여름이었는데도 언덕 위에 눈이 내렸다. 그런 기적이 있고부터 눈의 성모 마리아 대성당이라고도 불리며 8월 5일이 축일로 정해졌다. 표고는 불과 55m였다.

언뜻 보면 이 대성당의 정면이 어느 쪽인지 헷갈릴 수 있다. 성당의 후진後陣(Abside·제단 뒤쪽으로 돌출된 반원형 혹은 다각형 부분-역주) 뒤쪽으로 중후한 계단이 있고, 그 계단 아래에 있는 광장에 오벨리스크가 세워져 있기 때문이다. 이 광장에서 올려다보면 그곳이 바로 눈의 성모 마리아 대성당 입구라고 생각할 것이다. 하지만 그곳은 틀림없는 후진 즉, 대성당 후면의 입구이다. 최근 10년 남짓 일본에서는 주택을 지을 때 후진처럼 생긴 창을 전면에 돌출시키는 건축양식이 유행했다. 고장이 다르면 풍속도 달라진다고 이탈리아인은 일본 주택 양식의 최신 유행을 어떻게 바라볼까.

몇 세기에 걸쳐 개축된 산타 마리아 마조레 대성당의 장려한 내부에 대해 이야기하자면 시간과 공간이 부족할 정도이다. 그러므로 이 대성당에 관해 꼭 필요한 최소한의 내용만 설명하기로 한다.

먼저, 로마 성벽 안의 가장 높은 장소라는 지리적 이점으로 '영원의 도시' 로마의 교통 요충지로 자리 잡았다. 즉, 순례자들이 모이고 흩어지는 중심점이 된 것이다. 중세 이후 크게 성행한 일곱 대성당의 순례길을 정비하는 데 큰 역할을 했다.

순례길 정비를 제안한 이가 교황 식스투스 5세Sixtus V (1585~1590년)이다. 하층민 출신인 교황에게는 다른 교황들과 다른 점이 몇 가지 있었다. 그런 차이가 식스투스 5세의 사상이자 성격 혹은 습성을 형성했다고 할 수 있다.

식스투스 5세는 오벨리스크에 강한 애착을 가지고 있었다. 앞서 트리니타 데이 몬티 성당 앞에 오벨리스크를 세운 이유를 '걷기 위해서'라고 이야기했다. 정확히는 '순례자들의 지표로 삼기 위해서'였다.

순례자들과 입장은 달랐지만 로마에 살 곳을 정한 내가 처음 시작한 일은 '영원의 도시'의 지리를 파악하는 것이었다. 앞서 이야기했듯 나는 로마시 북쪽에 위치한 파리올리 거리에 첫 집을 구했다. 성벽 바깥이었다.

지금도 로마는 고대의 아우렐리아누스 황제가 건설한 성벽에 의해 도시로 규정되고 있다. 황제와 교황들이 두려

위한 외적의 침입을 막기 위한 성벽의 전략상의 역할은 끝났다. 이제 성벽은 무용지물일까. 그렇게 생각하는 사람도 있을 것이다. 실제 북이탈리아의 도시 밀라노처럼 성벽 대부분을 허물어버린 곳도 있는가 하면 페라라처럼 성벽의 구실을 하던 수로 대부분을 메워버린 도시도 있다.

아우렐리아누스 황제의 성벽은 약 2,000년에 걸쳐 로마의 역사를 수호하는 중대한 구실을 했다. 과연 요즘 시대에 성벽만큼 보수적인 건축물도 없을 것이다. 피로 얼룩진 전쟁의 무대였던 성벽이 마치 흘러간 세월의 증인이라도 되는 양 우리 앞에 가로놓여 있다. 하지만 성벽만이 아니다. 성벽 안쪽의 거리와 광장에서도 수많은 이들이 피를 흘렸다. 로마의 거리를 걷다 보면 저도 모르게 되살아나는 역사의 기억과 함께 포석 사이에 스며 있는 피의 흔적을 떠올린다.

로마대학교 문학철학부에 재학 중이던 나는 파리올리 거리의 기점인 운게리아Ungheria(헝가리) 광장에서 노면전차인 트램Tram을 타고 통학했다. 트램은 폭이 넓은 직선의 가로수길을 남동쪽으로 내려갔다. 그리고 산 로렌초 푸오리 레 무라 대성당 앞 광장 부근의 정류소에서 내렸다. 소요 시간은 20분 남짓이다.

이 노면전차는 순환선이다. 라사피엔차대학교에서 내리지 않고 계속 가면 아우렐리아누스 황제의 성벽을 따라 시내를 일주할 수 있다. 내가 이용하는 통학로는 순환 구간 전체의 약 5분의 1 정도이다. 따라서 시내를 한 바퀴 도는 데는 대략 1시간 40분이 걸린다. 하지만 중간에 다른 노선과 교차하는 마조레 성문의 정류소와 산 피에트로 대성당 옆 리소르지멘토 광장의 정류소에서 승무원이 교대하거나 휴식을 취하기 때문에 실제로는 2시간 이상 걸린다.

로마 남쪽 외곽의 신도시 에우르EUR(Esposizione Universale Roma)를 잇는 지하철이 막 개통된 1966년의 일이다. 당시 노면전차는 교통 정체를 일으킨다는 이유로 애물단지 취급을 받았다. 그리고 머지않아 시계 방향으로 순환하는 순환선Circolare Destra만 운행하게 되었다. 행선지 표시판에는 외선 순환선을 나타내는 'E·DEsterna Destra'라고만 표기되어 있는데 그 머리글자가 다른 시영 전철과 달리 붉은색으로 표시되어 있기 때문에 '적색 순환선Destra Rossa'이라고도 불렀다.

운행이 폐지된 반대쪽 방향은 전철 대신 30번 버스가 운행되었다. 그런데도 나는 시계 방향으로 도는 순환선만 타고 로마의 지리 감각을 익히려고 했다. 아마 버스보다 속도가 느리고 시야가 탁 트였기 때문일 것이다. 특히 콜로세움 주변에는 노면전차만 지나는 궤도가 있어 더욱 멋진 풍경을 감상할 수 있었다.

때로는 기원전 로마의 정경에 관한 생각을 정리하기 위해 고대의 폐허에 걸터앉아 멍하니 다음 전차가 오기를 기다리기도 했다. 그렇게 순환선을 타고 성벽을 따라 돌면서 대강의 로마 지형을 머리에 새겨 넣었다. 시계 방향으로 도는 순환선 E·D와 시계 반대 방향으로 도는 순환 버스 30번이 언제 없어졌는지는 모르겠다. 요즘처럼 바쁘고 빠르게 돌아가는 세상 속에서 유학생들은 어떤 방법으로 로마의 지리 감각을 익히고 있을까.

여기서 지금까지 이야기한 내용을 정리해보자. 우리는 '영원의 도시' 로마를 지리적으로 파악하기 위해 애썼으며 아직 그 과정에 있다.

그리하여 가장 먼저 지리적 이유뿐 아니라 역사와 문화

또 정치와 종교상의 이유에서도 이른바 로마의 원점이라 할 수 있는 캄피돌리오 언덕을 올랐다.

이어서 '영원의 도시' 로마를 규정해온 두 성벽과 테베레강에 대해 이야기했다. 세르비우스 왕이 건설한 성벽은 고대 공화정 시기에 보강되었지만 지금은 그 소임을 다하고 철거되어 일부 흔적만 남아 있다. 대신 아우렐리아누스 황제가 건설한 성벽은 고대부터 이어져온 역사의 수호자를 자청하듯 현재도 꿋꿋이 그 자리를 지키고 있다.

아우렐리아누스 황제의 성벽을 따라 오늘날 '영원의 도시' 로마의 영역을 확인하려면 일곱 대성당의 순례길을 걸어보는 것이 좋다. 예전의 E·D 순환선이나 30번 버스는 없어졌다. 하지만 부분적으로 대체할 교통수단은 얼마든지 있을 것이다. 각자의 체력과 시간적 여유를 고려해 보조 수단을 찾아보자. 다만 현대의 여행자들은 아무리 보조적인 교통수단을 사용해도 하루 한 곳 이상의 대성당을 찾아가기는 힘들 것이다. 고대의 성벽을 따라 로마의 윤곽을 헤아려보는 것만으로도 일주일은 걸리는 셈이다.

금방 알게 되는 사실이지만, 일곱 대성당 중 여섯 곳이 로마시의 가장자리에 있다. 다시 말해 성벽 안팎으로 아슬아슬하게 지어졌다. 그리고 하나같이 그리스도교를 공인한 콘스탄티누스 황제와 관련이 깊은 성당이라는 점에도 유의해야 한다.

그중 산타 마리아 마조레 대성당은 예외이다. 이 성당만이 그리스도교 도시의 중심에서도 가장 높은 장소에 세워져 이른바 순례지의 중심축과 같은 구실을 하고 있기 때문이다. 처음에는 단순히 일곱 언덕의 가장 높은 지점에, 눈의 기적을 기념하고자 세운 성당이었다. 하지만 교황 식스투스 5세는 이 대성당에 그보다 더 중요한 지리적 가치를 부여했다.

교황 식스투스 5세는 고대 로마의 언덕의 역할을 새롭게 인식했다. 그리하여 1587년 아우구스투스 황제의 묘지 앞에 있던 두 개의 오벨리스크 중 하나를 옮겨와 산타 마리아 마조레 대성당의 후진 아래 펼쳐진 에스퀼리노 광장에 세웠다. 언덕과 언덕을 잇는 도로의 표지로 삼기 위해서였다.

앞에서도 말했지만 로마의 일곱 언덕은 캄피돌리오를 출발점으로 시계 방향으로 팔라티노, 아벤티노, 첼리오… 등으로 이어진다. 로마의 전체 지형을 파악하려면 늘 이

교황 식스투스 5세의 도시계획을 충실히 반영한 그림(브람빌라, 1590년). 지표로 삼은 두 개의 오벨리스크, 기념비, 직선도로, 광장, 성문, 다리 등. 순례자들은 이 로마 지도를 머리에 새겨 넣고 '영원의 도시'를 걸었다.

점을 염두에 두어야 한다.

고대의 왕정, 공화정, 제정 시대 로마의 역사에 기여한 일곱 언덕의 역할에 대해 자세히 설명하기에는 지면이 부족하다. 서로마제국의 멸망(476년)과 그 후 발생한 황폐화에 대한 설명도 마찬가지이다. 또 중세 전기부터 후기에 걸쳐 그리스도교의 정신이 언덕 위 성당 구석구석까지 미치게 된 내용도 아쉽지만 생략하기로 한다. 하지만 첼리오 언덕의 나무 숲 사이에 있는 산 클레멘테 성당이나 산토 스테파노 로톤도 성당 혹은 산티 콰트로 코로나티 성당에 가보면 어떠한 사전 지식 없이도 직접 느껴지는 바가 있을 것이다. 예컨대 아벤티노 언덕에 있는 산타 사비나 성당이나 산 사바 성당 혹은 에스퀼리노 언덕의 산타 푸덴치아나 성당과 산타 프라세데 성당을 방문해도 마찬가지이다.

첼리오 언덕 너머에 있는 성문 옆에 산 피에트로 대성당을 잇는 최대의 성당 산 조반니 인 라테라노가 있다. 앞서 순례자들이 이곳에서 성벽을 따라 오른쪽으로 향하며 산타 크로체 인 제루살렘메 대성당과 산 로렌초 푸오리 레무라 대성당을 참배한다고 이야기했다.

만약 산 조반니 인 라테라노 대성당에서 교황 식스투스 5세가 순례지의 중심축으로 정한 산타 마리아 마조레 대성당까지 질러가려면 광장에 세워진 거대한 오벨리스크에 주목하자. 기단을 포함하면 47m. 로마 최대의 오벨리스크이다. 붉은 대리석 표면에는 상형문자가 새겨져 있고 꼭대기에는 십자가가 우뚝 솟아 있다. 1588년 교황 식스투스 5세가 세웠다. 또 반세기 전이었던 1538년에는 앞에서도 보았듯이 이 부근에 있던 마르크스 아우렐리우스 황제의 기마상이 파울루스 3세에 의해 캄피돌리오 광장으로 옮겨졌다.

교황 식스투스 5세는 그의 복심이었던 건축가 도메니코 폰타나Domenico Fontana(1543~1607년)에게 로마의 몇몇 주요 도로를 정비하도록 명했다. 산 조반니 대성당과 산타 마리아 마조레 대성당을 잇는 직선도로, 현재의 메룰라나 거리도 그중 하나였다.

무지한 문학청년이었던 나는 메룰라나 거리를 카를로 가다의 장편소설의 무대라고만 알고 있었다. 그렇기 때문에 처음에는 산타 마리아 마조레 대성당 옆에서 발견한 고서점을 가끔 들르는 정도였다. 그러던 중 대성당 내부의 복잡한 구조와 뛰어난 장인들의 솜씨에 마음을 빼앗겼다. 남국의 강렬한 햇볕이 내리쬐는 로마의 거리를 걷다 보면 잠시 쉬어갈 장소를 찾게 된다. 처음에는 아무 뜻 없이 성당 안으로 들어갔다. 그렇게 성당 내부를 돌아보고, 자리에 앉아 귀를 기울이고 눈여겨보다 보니 지난 시대의 숨결과 양식을 조금씩 이해할 수 있었다.

산타 마리아 마조레 대성당에는 정면의 주 제단 양 옆

에, 신랑身廊을 끼고 커다란 예배당이 있다. 왼쪽의 파올리나 예배당은 파울루스 5세가 플라미니오 폰치오Flaminio Ponzio에게 의뢰해 만들었고, 오른쪽의 시스티나 예배당은 식스투스 5세가 복심인 폰타나를 시켜 만들었다.

조각가 피에트로 베르니니는 파올리나 예배당 조영에 참여하기 위해 나폴리에서 로마로 이주했다. 1606년의 일이었다고 한다. 훗날 대예술가가 된 그의 아들 잔 로렌초가 8세도 안 된 때였다. 베르니니 일가는 파올리나 예배당의 뒤편 길모퉁이에 살았다. 피에트로 베르니니가 스페인 광장의 바르카차 분수를 만든 것은 그로부터 약 20년 후의 일이다.

오른쪽 시스티나 예배당 뒤에는 산타 마리아 마조레 대성당보다 훨씬 넓은 대지에 지어진 식스투스 5세의 사저가 있었다. 나중에 이야기하겠지만 교황의 이런 으리으리한 저택은 허무하게 소실되고 말았다. 하지만 교황의 유해는 지금도 이 예배당에 안치되어 있다. 한편 베르니니 가문의 건물은 여전히 길모퉁이에 남아 있다. 그리고 일가의 묘지는 대성당의 후진 옆, 시스티나 예배당 쪽으로 들어간 곳에 있다. 대성당을 방문할 때면 가장 먼저 천재 건축가 잔 로렌초 베르니니의 묘 앞에서 잠시 시간을 보내곤 한다.

2

대성당의 후진 아래에 있는 에스퀼리노 광장에서 트리니타 데이 몬티 성당 앞 광장까지 일직선으로 도로를 낸 것도 식스투스 5세였다. 일곱 언덕의 순서를 따르면 이 펠리체 도로는 에스퀼리노, 비미날레, 퀴리날레 그리고 여덟 번째 핀초 언덕까지 네 개의 언덕을 하나로 잇는다.

에스퀼리노 언덕의 오벨리스크부터 스페인 계단 위에 세워진 오벨리스크까지는 직선으로 1488m 거리이다. 중간쯤에 있는 퀴리날레 언덕의 능선 길과 교차하는 사거리를 콰트로 폰타네Quattro Fontane(네 개의 분수) 교차점이라고 한다. 사거리 모퉁이마다 고대의 조각상으로 장식된 네 개의 분수가 있기 때문이다.

퀴리날레 언덕의 능선 길 즉, 1870년 9월 20일 이탈리아 왕국이 교황령 로마를 점령해 통일을 완성한 날에서 유래된 '9월 20일 거리(Via venti settembre)'와 퀴리날레 거리를

피라네시가 그린 1700년대 중반의 콰트로 폰타네 교차점. 정면에 오벨리스크와 산타 마리아 마조레 대성당이 보인다.

정비한 것도 식스투스 5세이다. 이 두 직선도로는 직각이 아니라 약간 대각선으로 교차한다. 그 교차점의 중심에 서서, 전후좌우로 뻗은 도로를 처음 보았을 때의 놀라움을 잊을 수 없다. 식스투스 5세의 도로계획이 얼마나 탁월했는지 깨닫기 때문이다. 다만 요즘은 교차로의 신호조차 소용없을 만큼 꼬리에 꼬리를 잇는 차량 행렬 때문에 위험천만한 길목이 되고 말았다.

과거에는 콰트로 폰타네 교차점의 중심에 서서 뒤를 돌아보면, 골짜기 너머로 산타 마리아 마조레 대성당의 후진 앞에 세워진 오벨리스크가 뚜렷이 보이고 앞쪽에는 바르베리니 광장의 골짜기 너머로 트리니타 데이 몬티 성당 앞의 오벨리스크까지 보였다. 그뿐일까, 능선 길의 한쪽 끝에는 퀴리날레 궁전의 오벨리스크가 보이고 다른 한쪽으로는 미켈란젤로가 설계한 피아 성문이 어렴풋이 보일 정도였다. 그것은 중간쯤에 있는 식스투스 5세가 만든 펠리체 수로의 종착점을 나타내는 건축물 즉, 모세의 분수가 조금 돌출된 자리에 세워졌기 때문이다. 모세의 분수 역시 교황의 복심이었던 도메니코 폰타나가 만들었다(1587~1588년). 펠리체 도로나 펠리체 수로라는 이름은 식스투스 5세의 본명 펠리체 페레티Felice Peretti에서 유래했다.

교황 식스투스 5세의 재위기간은 고작 5년에 불과했기 때문에 모든 계획을 달성하지는 못했다. 교황 식스투스 5세의 탁월한 도시계획에 대해서는 지그프리드 기디온Sigfried Giedion의 저서 『공간·시간·건축』에 잘 나타나 있다.

기디온의 훌륭한 저서에 실린 '식스투스 5세의 바로크

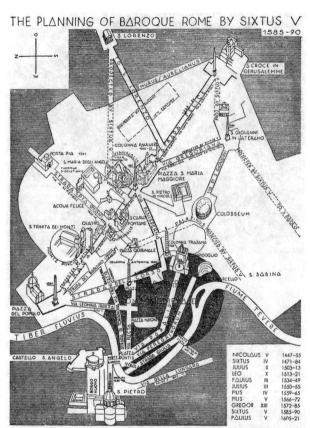

THE PLANNING OF BAROQUE ROME BY SIXTUS V
1585-90

NICOLAUS V	1447-55
SIXTUS IV	1471-84
JULIUS II	1503-13
LEO X	1513-21
PAULUS III	1534-49
JULIUS III	1550-55
PIUS IV	1559-65
PIUS V	1566-72
GREGOR XIII	1572-85
SIXTUS V	1585-90
PAULUS V	1605-21

'교황 식스투스 5세(1585~1590년 재위)의 바로크 도시 로마의 계획도'(기디온 『공간·시간·건축』) 점선으로 된 도로는 실현되지 못했다. 순례자들의 지표로 삼고자 세운 오벨리스크와 두 개의 기념비에 주의.

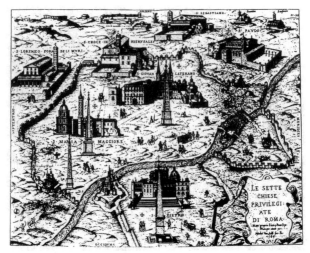

순례자들의 길잡이 역할을 위해 세워진 오벨리스크 그림이 추가되었다, 새로운 '로마의 일곱 대성당 순례 지도'(1589년).

도시 로마의 계획도'를 살펴보자. 영어로 쓰여 있기 때문에 흥미가 있는 분은 - 확대해서 - 읽어보기 바란다. 가능하면 현재의 로마 시가도와 비교해보기를 권한다. 점선 부분은 실현되지 못한 계획이다. 또 오른쪽 윗부분에 그려진 산타 크로체 인 제루살렘메 대성당 앞의 오벨리스크는 실제로는 세워지지 못했다.

기디온의 계획도에는 트리니타 데이 몬티 성당 앞의 오벨리스크도 그려져 있지만 앞서 보았듯이 오벨리스크가 세워진 것은 데 상티스의 계단이 완성된 후로(1789년) 식스투스 5세의 시대에는 오벨리스크가 없었다. 또 계획도의 점선 부분이 나타내듯 펠리체 도로는 포폴로 광장까지 연장될 예정이었지만 끝내 완성되지 못했다. 하지만 포폴로 광장 중앙에 오벨리스크를 세운 것은(1589년) 식스투스 5세였다.

교황은 복심인 폰타나에게 명해 이 거대한 오벨리스크를 팔라티노 언덕과 아벤티노 언덕 사이에 있는 치르코 마시모(대경기장)에서 이곳까지 옮겨왔다. 참고로 오벨리스크의 높이는 24m. 기단을 포함하면 36.5m나 된다. 고대 로마의 아우구스투스 황제가 이집트 원정에서 돌아올 때 가져온 것으로 원래는 기원전 13세기에 람세스 2세가 태양신의 신전 앞에 세운 것이었다고 한다.

로마에 철도가 깔리기 이전의 순례자들은 오로지 플라미니아 거리를 직진해 북쪽의 플라미니아 성문(지금의 포폴로 성문)을 통해 '영원의 도시'로 들어갔다. 거기에 지금은 교황 식스투스 5세가 세운 오벨리스크가 하늘을 찌를 듯

산 피에트로 대성당 앞 광장으로 오벨리스크를 옮겨오는 것은 무척 힘든 일이었다고 한다(카를로 폰타나, 1694년).

우뚝 서서 순례자들의 길잡이 역할을 하고 있다. 앞서 소개한 '로마의 일곱 대성당 순례 지도'(92쪽)와 새로운 지도(93쪽)를 비교해보자.

산 피에트로 대성당 앞 광장에 있는 오벨리스크도 교황 식스투스 5세가 도메니코 폰타나에게 명해 세운 것이다. 정확히는 구 대성당의 남쪽에 있던 것을 지금의 위치로 옮겨 다시 세운 것이었다. 오벨리스크를 옮겨와 다시 세우는 것은 여간 어려운 일이 아니었다고 한다. 1586년 4월부터 9월에 걸쳐 권양기 44대, 말 140필, 인부 900명이 동원된 대공사였다.

지금까지 이야기한 오벨리스크에 관해 정리해보자. 교황 식스투스 5세는 5년 남짓한 재위기간 동안 복심인 건축가 도메니코 폰타나에게 명해 오벨리스크 4개를 세웠다. 순례길의 지표로 삼기 위해서였다.

1 산 피에트로 대성당 앞의 오벨리스크. 1586년. 구 대성당의 남쪽(네로의 경기장 유적)에 세워져 있던 것을 옮겨왔다.
2 산타 마리아 마조레 대성당 후진 아래의 오벨리스크. 1587년. 본래는 아우구스투스 황제의 묘지 앞에 있던 두 개 중 하나.
3 산 조반니 인 라테라노 대성당 앞의 오벨리스크. 1588년. 1587년 치르코 마시모(대경기장)에 세 동강 난 상태로 묻혀 있던 것을 발견했다.
4 포폴로 광장의 오벨리스크. 1589년. 마찬가지로 치르코 마시모에서 옮겨왔다. 3의 오벨리스크보다 작다.

이상은 식스투스 5세가 도메니코 폰타나에게 명해 세운 것이다(연대 순). 그 외에도 앞서 이야기한 두 개의 오벨리스크가 더 있다.

5 퀴리날레 궁전 앞의 오벨리스크. 2의 아우구스투스
   황제의 묘지 앞에 있던 두 개 중 다른 하나.

6 트리니타 데이 몬티 성당 앞의 오벨리스크. 본래는 고
   대의 역사가 살루스티우스의 정원에 있던 것. 로마 시
   대의 모조품.

'로마에는 오벨리스크가 몇 개나 있을까?' 소박한 내 의
문에 친구들이 대답했다. "13개", "아니, 14개야."

"훨씬 많았을 거야." 그렇게 말한 것은 로베르토였다.

"일반에 알려진 고대 로마의 오벨리스크는 13개이지만"
로베르토가 말을 이었다. "모두 이집트에서 가져온 것이
라고 해⋯."

"가져온 게 아니라 훔쳐온 것이지." 카를로가 끼어들었
다.

"⋯ 하지만 진짜는 7개뿐이야." 로베르토는 개의치 않고
말을 계속했다. "나머지 6개는 모조품이야. 고대 로마인들
은 뭐든 만들어냈으니까. 하지만 자세히 보면 상형문자가
거꾸로 새겨진 것도 있어. 나보나 광장에 있는 것도 그런
모조품 중에 하나지. 다른 하나는 핀초 언덕에 있어. 나머

지 모조품 4개에는 상형문자가 새겨져 있지 않아. 그러니 금방 알아볼 수 있지. 산 피에트로 대성당이나 트리니타 데이 몬티 성당, 에스퀼리노 광장, 퀴리날레 광장의 오벨리스크도 마찬가지야."

"하지만 상형문자가 새겨져 있지 않은 것 중에도 이집트에서 훔쳐온 게 있어." 카를로가 말했다.

"어쨌든 뭐가 진짜인지가 문제로군. 식스투스 5세는 자신이 세운 오벨리스크에 모조품이 있다는 걸 알았을까?" 내가 묻자 로베르토가 대답했다. "당연하지, 식스투스 5세는 다 알고 있었어."

"넌 대항對抗종교개혁에 대해 평가하고 있어." 스테파노가 결론을 내리듯 말했다.

"그렇지 않아." 로베르토가 대꾸했다. "오벨리스크의 가치조차 시대와 함께 바뀐다는 게 중요해."

"설령 그렇다 해도 넌 역시 대항종교개혁을 평가하고 있다고." 스테파노가 거듭 말했다.

"난 다른 것보다 13개의 오벨리스크에 대해 알고 싶어…."

지난날 친구들과 나눴던 대화를 떠올렸다. 팔라티노 언

덕을 한 바퀴 돌고 캄피돌리오 언덕으로 돌아왔을 때였다.

가을 해가 저물 무렵, 조금 전 지나온 폐허의 지면에 신전의 벽과 기둥이 긴 그림자를 떨어뜨리고 있었다. 멀리 보이는 개선문과 콜로세움은 저녁놀에 붉게 물들었다.

다음 날 우리는 산타 마리아 델리 안젤리 성당에서 만나기로 약속했다. 테르미니역 앞의 큰 광장을 끼고 디오클레티아누스 황제의 욕장 유적이 있다는 것은 널리 알려진 사실이다. 욕장 터의 일부에 국립로마박물관이 세워지고, 냉수욕장이 있던 자리에는 산타 마리아 델리 안젤리 성당이 지어졌기 때문이다.

고대의 욕장 유적을 적절히 이용해 그리스 십자형의 성당을 설계한 것은 만년의 미켈란젤로였다(완성은 죽은 후). 1960년대에는 밤이면 성당 내부가 완전히 어두워지는 것을 이용해 십자형 익랑翼廊(본당과 부속 건물을 연결하는 공간-역주) 한 곳을 영사실로 활용했다. 이곳에서 일본 영화를 상영한다는 소식에 함께 보러 가기로 한 것이었다.

스테파노와 나는 일몰 무렵 퀴리날레 궁전 앞 몬테 카발로의 오벨리스크 아래에서 만나기로 했다. 그러자 로베

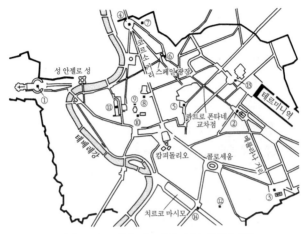

오벨리스크와 그 위치. 지도 안의 번호는 본문을 참조.

르토가 말했다. "나는 카를로와 먼저 회장에 가 있을 테니 맞은편 오벨리스크 아래에서 만나자."

그날 밤, 집에 돌아와 알아보니 현재 로마에는 14개의 오벨리스크가 있었다.

① 산 피에트로 대성당 광장
② 산타 마리아 마조레 대성당 후진 아래의 광장
③ 산 조반니 인 라테라노 대성당 광장

④ 포폴로 광장

⑤ 퀴리날레 광장(일명, 몬테 카발로)

⑥ 트리니타 데이 몬티 성당 앞

⑦ 핀초 언덕(본문에서는 다루지 않았지만, 보르게세 정원으로 걷다 보면 금방 눈에 띈다.)

⑧ 몬테치토리오 궁전 앞

⑨ 판테온(만신전) 앞

⑩ 미네르바 광장

⑪ 나보나 광장

⑫ 빌라 첼리몬타나(산타 마리아 인 돔니카 성당을 끼고 들어간 곳에 있다. 본문에서는 생략했지만 한때 순례자들에게 음식 등을 대접하던 장소로 쓰였던 것을 괴테의 『이탈리아 기행』 하권에서 확인할 수 있다.)

⑬ 산타 마리아 델리 안젤리 성당 옆

⑭ 악숨의 오벨리스크

마지막 오벨리스크는 예외적인 존재이므로 짧게 설명하기로 하자.

고대 로마의 역대 황제들은 속령 이집트에서 많은 오벨리스크를 가져왔다. 그런 선례를 따라 한 것인지 아니면 고대의 황제들과 어깨를 나란히 하고 싶었는지 파시즘기

파시즘의 유산, 악숨의 오벨리스크.

의 독재체제를 완성한 무솔리니는 1935년 에티오피아를 침략했다. 그리고 이듬해인 1936년 신新에티오피아 제국을 건설하고 1937년 에티오피아에서 이 악숨의 오벨리스크를 로마로 가져왔다.

높이 24m, 4세기에 만들어진 이 오벨리스크의 꼭대기는 보통의 오벨리스크처럼 피라미드 형태가 아니다. 너붓한 그 형상은 몸을 곧게 펴고 먼 곳을 바라보는 남상男像기둥이나 전쟁터에서 죽어가는 자를 지켜보는 괴물 스핑크스 혹은 고귀한 의상을 걸친 거대한 여성상처럼 보이기도 한다.

내부의 직선 코스가 500m에 달하는 치르코 마시모(대경기장) 옆을 산책할 때면 점점 가까이 다가오는 그 특이한 형상의 오벨리스크를 한참 바라보곤 했다. 다음에 로마를 방문했을 때는 이 오벨리스크를 볼 수 없을 것이다. 이탈리아 공화국 의회가 오벨리스크의 반환을 결정했다는 신문 기사를 읽었기 때문이다. 하지만 막대한 운송비가 들기 때문에 그 예산을 마련할 수 있을지 우려하는 보도도 있었다. 고대의 방법을 재현해 뱃전에 매달아 옮길 수 있다면 그야말로 장관이 아닐까.

악숨의 오벨리스크가 세워진 장소는 고대 공화정 시대에 보강한 세르비우스 성벽의 흔적이 간신히 남아 있는 카페나 성문의 광장이다. 팔라티노, 아벤티노, 첼리오의 세 언덕이 모여 골짜기를 이루는 곳이다. 고대 로마인들은 물을 모아 흐르게 했던 작은 시내를 이 광장 부근에서 지하로 끌어들였다. 또 도랑을 파고 강물을 끌어들여 치르코 마시모의 중앙을 흐르게 했다는 것도 앞에서 이야기한 바 있다.

카페나 성문 광장의 남쪽, 가로수 너머에는 현대식 빌딩이 있다. 다소 이질적인 하얀색 건물에는 유엔 식량농업기

구(FAO) 등이 있다. 제2차 세계대전 종전 직후 지어진 건물이지만 이질적인 느낌이 드는 것은 파시즘 시기 건축물의 연장선상에 있다는 인상과 함께 콜로세움 등 주변에 세워져 있는 고대 로마 건축물과의 부조화 때문이다. 무솔리니는 이 일대를 침략계획의 정치적 거점으로 삼고자 했다.

제2차 세계대전에서 레지스탕스의 격렬한 투쟁으로 파시즘 체제에서 해방된 이탈리아는 1946년 6월 국민투표를 통해 군주제를 폐지하고 공화제를 채택했다. 이후 퀴리날레 궁전의 주인은 국왕에서 대통령으로 바뀌었다.

다음 날, 나는 약속 장소인 퀴리날레 궁전(지금은 대통령 관저) 앞 광장 일명 몬테 카발로Monte Cavallo(말의 언덕)에 도착했다. 궁전과 광장의 오벨리스크 그리고 쌍둥이 신, 천마의 조각상과 고대의 분수는 언제든 볼 수 있다. 하지만 눈앞의 자니콜로 언덕을 붉게 물들이는 석양의 모습은 지금 이 순간이 아니면 볼 수 없다.

눈 아래 펼쳐진 로마의 오른편에는 어렴풋이 산 피에트로 대성당의 실루엣과 바티카노 언덕이 보이고 그 사이를 채운 현대의 활기와 더불어 크고 작은 성당의 원형 돔이

퀴리날레 광장에 세워진 오벨리스크. 고대의 분수는 나중에 설치되었다.

뒤엉켜 있다. 왼편에는 곳곳에 흩어져 있는 고대의 잔영
이 짙어가는 어둠에 조용히 녹아들고 있었다.

광장 구석의 석조 난간에 기대어 서서 어둠에 눈이 익었
을 즈음 바로 옆에 마찬가지로 넋을 잃고 석양을 바라보는
스테파노의 모습이 눈에 들어왔다.

우리는 서둘러 걸음을 옮겼다. 하늘로 날아오를 듯한

천마보다 높이, 어스레한 하늘을 찌를 듯 우뚝 서 있는 오벨리스크. 본래 이 오벨리스크는 앞서 이야기한 산타 마리아 마조레 대성당의 후진 아래 세워진 오벨리스크와 함께 아우구스투스 황제의 묘지 입구에 세워져 있었다. 그리고 1786년 교황 피우스 6세에 의해 아우구스투스 황제의 묘지 앞에서 이 언덕 위로 옮겨진 것이다.

퀴리날레 거리를 걷던 우리는 산트 안드레아 성당의 아름다운 계단 앞에서 걸음을 늦추었다. 장밋빛 대리석으로 이루어진 바로크 예술의 정수를 그냥 지나칠 수 없다는 마음이 통한 것일까.

콰트로 폰타나 교차점에서 산 카를리노 성당 앞을 오른쪽으로 꺾었을 때도 마찬가지였다. 스테파노가 먼저 언덕을 내려갔다. 우리가 이 성당에 들르지 않은 것은 처음 있는 일이었다. 세속적인 풍경의 나치오날레 거리는 곁눈도 팔지 않고 곧장 지나쳐 T자로에서 시작되는 비미날레 거리 모퉁이에 멈춰 섰다. 모퉁이를 돌기 전 스테파노는 눈앞의 오벨리스크를 가리키며 말했다.

"저건 대성당 후진에 세운 것이기도 하지만 동시에 빌라 몬탈토 입구를 위해 옮겨온 것이기도 해."

공화국 광장. 옛 이름은 에제드라esèdra(반원형 회랑) 광장. 사방에 나이아데스 Naiadi(물의 요정)의 조각상이 있고 중앙에는 바다의 신 글라우코스가 물을 뿜어내고 있다. 분수대에서 뿜어져 나오는 물줄기와 함께 뻗어 있는 나치오날레 거리. 그 끝에 어렴풋이 비토리오 에마누엘레 2세 기념관이 보인다.

V 바로크의 분수 |

오랜 옛날 로마에 하층민 출신의 교황이 있었다.

몬탈토 산골에서 자란 소년의 이름은 행운을 뜻하는 펠리체.

황폐한 일곱 언덕 하나를 사들여 포도밭에 궁전을 지었다.

폐허가 된 땅에서 오벨리스크를 발굴하고 고대의 수로를 복구했으며

조각상으로 분수를 장식했다. 과거의 드넓은 대지가

지금은 테르미니역과 호텔들이 모인 거리가 되었다.

1

'식스투스 5세는 로마를 바로크의 도시로 만들었다.' 교황의 업적을 다룬 모든 서적에서 이렇게 기록하고 있다.

맞는 말이다. 하지만 표어에 대해서만큼은 신중해야 할 것이다. 키워드, 슬로건, 모토 등은 효과적인 동시에 편리하다. 그만큼 표어의 본질을 파악하는 노력이 따르지 않으면 금세 새로운 표어가 등장할 것이다. 르네상스라는 표어처럼 바로크에 대해서도 긴장의 끈을 놓지 않고 접근하고 싶다.

식스투스 5세는 사회의 밑바닥에서 교황의 자리에까지 올랐다. 워낙 가난한 집안에서 태어났기 때문에 출생지나 생가조차 분명치 않다는 기록도 있다. 앞서 소개한 기디온은 다음과 같이 썼다.

교황 식스투스 5세. 작자 미상(16세기). 야심차고 대담한 인상이 고스란히 느껴진다.

'그는 달마티아 지방에서 농민의 아들로 태어났다. 가족의 이름은 알려져 있지 않다. 그는 후에 사촌의 이름을 따 페레티라고 불렸다. 그의 부친은 아들이 잘되기를 바라는 마음에서 펠리체(행운)라는 세례명을 붙였다.'

다만 이런 내용도 전설의 하나였을 것이다. 이탈리아어로 쓰인 『역대 교황사歷代教皇史』 제10권(신판, 1942년)에 따르면, 펠리체라는 이름의 남자아이가 태어난 것은 1520년 12월 13일 산타 루치아의 축일이었다. 모친의 이름은 마리안나, 부친은 펠레트라고 불리던 농민으로 마르케 지방 남부의 벽지 몬탈토에 살고 있었다.

교황 레오 10세와 우르비노 공작 간의 전쟁 여파로 경지를 잃은 펠레트와 마리안나 부부는 1518년 아드리아해 연안의 도시 그로타마레로 이주했다. 포도와 올리브는 물론 아몬드와 레몬 등의 과실이 풍부한 남국의 땅이었다.

누이 카밀라도 태어났다. 펠리체는 집안일을 잘 돕는 착한 소년으로 숙부 살바토레의 각별한 사랑을 받았다. 펠리체는 수도사였던 숙부의 추천으로 몬탈토의 산 프란체스코 수도회에 들어갔다.

탁발 수도사가 된 펠리체 페레티는 이단 심문관으로서 민완을 발휘하여 1570년 몬탈토 추기경이 되었다. 그 후 고난의 세월을 맞는다. 전임자인 교황 그레고리우스 13세의 냉대를 견뎌야 했기 때문이다. 그러한 냉대에도 순순히 복종하는 시간을 보내는 동안 그는 '영원의 도시' 로마를 되살리는 계획에 몰두했던 것이 아닐까.

교황 선거에는 파란이 끊이지 않았다. 1585년 4월 20일 마침내 몬탈토 추기경이 교황으로 선출되면서 식스투스 5세가 되었다. 그날부터 그는 권력을 손에서 놓지 않고 마치 전속력으로 질주하듯 잇따라 대업을 달성했다.

펠리체 도로망 정비. 오벨리스크 발굴과 이전·건립. 펠리체 수로 건설. 두 개의 고대 기념비와 광장 정비. 산 피에트로 대성당의 거대한 원형 돔 완성. 그 밖에도 좁은 지면에 다 쓰지 못할 만큼 수많은 사업을 이루어나가던 중 안타깝게 세상을 떠나면서 그의 도시계획도 중단되고 말았다.

여기서 앞서 소개한 기디온의 계획도(117쪽)를 다시 한 번 살펴보자. 특히 이 지도에 나타난 세 가지 사실에 주목해 설명하고자 한다.

첫 번째는 지도의 오른쪽 하단에 쓰여 있는 역대 교황들의 이름과 재위기간이다. 니콜라우스 5세부터 파울루스 5세까지 이른바 르네상스부터 바로크 시대 초반까지 주요 교황들의 이름과 재위기간이 쓰여 있다.

자세히 보면 재위기간이 연속되지 않는다. 즉, 니콜라우스 5세부터 파울루스 5세 사이에 일찍 세상을 떠난 다른 교황들도 있었던 것이다.

정확히 말하면 그사이에 15명의 교황이 있었다. 그들의 기여를 무시한 것은 아니다. 여기서는 교황이 권력 구조상 어떤 위치를 점하고 있었는지에 대해 주목하고자 한다.

교황 니콜라우스 5세부터 파울루스 5세까지 지도에 이름이 쓰인 교황이 11명, 이름이 쓰여 있지 않은 교황이 15명으로 총 26명이다. 니콜라우스 5세가 교황으로 취임한 것이 1447년, 파울루스 5세가 재위를 마친 것은 1621년으로 통산 175년이다. 단순 계산하면 교황의 재위기간은 평균 7년 남짓이다.

니콜로 마키아벨리Niccolò Machiavelli(1469~1527년)는 『군주론』의 첫머리에 '오랜 과거부터 현재에 이르기까지 인간을 지배해온 모든 통치체제는 공화정이거나 군주정이다'라고 썼다. 그는 군주정체를 몇 가지로 분류하고 마지막에 '성직자에 의한 군주정체에 대해'(『군주론』, 제11장) 논했다.

마키아벨리는 간결한 문장을 통해 '교황국가' 혹은 '교회국가'의 특징을 명확히 지적했다. 그 내용을 내 방식대로 설명하면 다음과 같다. 이런 '국가'의 군주는 세습되지 않는다. 추기경 집단에 의해 선출되기 때문이다. 따라서 역량과 운명을 타고난 자가 군주가 되는 것이다. 그리고 한번 선출되면 폐위되는 일이 없기 때문에 교황은 죽을 때까지 절대 권력을 갖는다. 이렇게 특수한 통치체제를 마키아벨리는 '교황에 의한 군주정체'라고 칭하고 싶었을 것이다. 이 통치체제의 특징은 '군주'의 재위기간이 짧다는 점이다. 마키아벨리는 '한 교황의 재위기간이 평균 10년에 불과하다'며 이런 '국가'의 특징을 꿰뚫었다.

이런 특징을 최대한으로 발휘하고 실현한 이가 바로 식스투스 5세였다. 그의 재위기간은 5년 4개월 하고도 3일. 그는 여생을 대업을 달성하고자 전력 질주했다. 짧다면 짧고 길다면 긴 시간이었다.

전임자 그레고리우스 13세의 긴 재위기간을 생각하면 감개는 더욱 깊어진다. 전임자가 재위한 13년간 냉대를 받았던 몬탈토 추기경은 산타 마리아 마조레 대성당 가까이에 세운 빌라 몬탈토에서 꾸준히 '영원의 도시' 로마의 개조계획을 세우고 있었다. 1년이든 2년이든 운명이 그에게 교황의 자리를 허락한다면… 그에게는 자신이 계획한 대업을 달성할 역량이 충분했다.

앞서 소개한 기디온의 계획도에서 주목해야 할 두 번째는 빌라 몬탈토의 위치와 규모이다. 물론 간략하게 나타내고자 했을 테지만 펠리체 페레티의 광대한 저택 빌라 몬탈토를 작은 원 안에 지나치게 비현실적으로 그렸다.

몬탈토 추기경의 소궁전을 중심으로 펼쳐진 정원과 과수원(부분). 1700년대 중반, 버지 작.

그러므로 현대의 지도에 몬탈토 추기경의 저택이 있던 구획을 위와 같이 표시했다. 그러면 이 저택이 테르미니 역 거의 전체와 역 앞의 친퀘첸토 광장 그리고 산타 마리아 마조레 대성당에 이르는 광범위한 거리를 포함하고 있다는 것을 알 수 있다.

비미날레 거리를 걷던 스테파노와 나는 교차로의 모퉁이마다 걸음을 멈추었다. 왼편에 있는 오페라 극장이 아담하게만 보였다. 스테파노가 오른편을 가리키며 말했다.

"이 근방 거리는 모두 사각형으로 구획되어 있어. 전부 몬탈토 추기경의 정원의 형태가 남아 있는 곳이라고 할 수

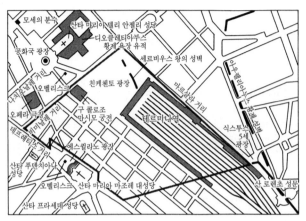

몬탈토 추기경의 저택 대지는 테르미니역과 친퀘첸토 광장 대부분을 포함하는 광대한 영역이었다. 사각형으로 이루어진 지금의 호텔가 등은 많은 정원 중 일부. 산타 마리아 마조레 대성당과 비교하면 그 크기를 가늠해볼 수 있다.

있지. 이런 구획 하나하나에 정원이 있고 연못과 분수가 있었던 거야. 얼마나 많은 조각상이 장식되어 있었을까. 과거 이곳은 옛날이야기의 무대이기도 했어."

"주인공은 추기경이었지. 가난한 시골 소년의 출세 이야기랄까. 그래서인지 주인공은 자신의 본명에 애착을 갖고 있었지. 행운을 뜻하는 펠리체. 출신은 산골을 의미하는 몬탈토Monte alto(몬테 알토). 그리고 교황과 마찬가지로 무명의 건축가에서 크게 성공한 교황의 복심 도메니코 폰타나가 있었지. 두 사람의 합작품이라고 할 수 있는 소궁전은 소실되고 지금은 '옛날 옛적에…'로 시작하는 이야기만 남았어."

"아니지, 이젠 옛날이야기조차 남아 있지 않아." 스테파노가 말했다. "이 부근은 역과 가까워서 이젠 호텔가가 되었어. 전 세계 관광객이 모여들지. 일본인도 많이 묵고 있을 거야. 하지만 누가 알겠어, '옛날 옛적에 이곳에 추기경의 정원이 있었다'는 걸 말이야."

모퉁이마다 걸음을 멈추던 스테파노가 비미날레 거리가 끝나는 지점에서 완전히 멈춰 섰다. 왼편의 가로수길 사이로 보이는 가로등 아래 로베르토와 카를로가 서 있었다. 그들에게 손을 흔드는 동안에도 스테파노는 이야기를 이어갔다.

"빌라 몬탈토의 여러 문 중에 하나가 여기 있었어. 지금은 이 건물 하나만 남아서 빌라 페레티 혹은 구 콜레조 마시모 궁전(현 국립박물관)이라고도 불리고 있어. 비미날레 거리의 길이는 대략 300m인데, 이 옛 궁전까지의 구획이 빌라의 정원 부분이고 나머지 그러니까 친퀘첸토 광장과 테르미니역의 거의 대부분은 빌라의 포도원이었지. 많은 학생들이 역사를 따라 라사피엔차대학으로 향하는 마르살라 거리의 막다른 곳까지가 모두 몬탈토 추기경의 땅이었어."

"그래서 그곳에 식스투스 5세 광장이 있었군."

로베르토가 기다리다 못해 걸어왔다. "또 식스투스 5세 이야기야? 광대한 빌라 몬탈토를 파괴한 건 후대의 교황이었어. 통일운동 시기의 피우스 9세. 이곳에 테르미니역을 짓기로 결정한 건 그였지만 그 후 얼마 안 돼 통일 이탈리아 정부에 권한을 빼앗겼지."

가로수 사이를 걸어 전날 약속한 오벨리스크(125쪽 지도 안의 ⑬) 아래에 도착했다.

"이 오벨리스크야말로 암울한 운명을 짊어지고 있지." 카를로가 말했다. "에티오피아 침략정책으로 목숨을 잃은 병사 500명의 위령비가 되었으니 말이야."

"말은 바꿀 수 있어도 사실은 바뀌지 않아. 진실은 모순 속에 있는 법이니까." 그렇게 말한 것은 로베르토였다.

과연 이 작은 오벨리스크(기단을 포함한 높이 6m 남짓)는 '도갈리에서 전사한 병사들의 기념비'가 되었다. 통일 왕국 이탈리아가 홍해 연안 북아프리카의 이권을 노리고 일으

테르미니역 부근에 세워진 오벨리스크. 에티오피아 침략의 상징이었던 '황금사자상'은 현재 철거되고 없다. 이전의 사진.

킨 전투였다. 1887년 1월 도갈리 부근에서 약 500명의 이탈리아군 주둔병이 전멸했다.

테르미니역 광장은 친케첸토Cinquecento(500을 의미) 광장이라고 불린다. 정확히는 548 광장일 테지만. 한편 테르미니역이 처음 지어졌을 당시에는 역사 자체의 형태나 장소도 지금과 달랐는데 정면 오른쪽에는 도착 플랫폼이, 왼쪽에는 출발 플랫폼이 있었다. 그리고 역사 전체가 디오클레티아누스 황제의 욕장 유적에 가까웠다.

어쨌든 문제는 도갈리 전투가 이탈리아의 북아프리카 식민지 정책을 부추기는 원인으로 작용하면서 파시즘 정권에 의해 더욱 확대되고 결국 큰 비극을 낳았다는 점이다. 이 암울한 오벨리스크가 그 증인이다. 지금은 철거되었지만 과거에는 식민지 에티오피아의 궁전에서 가져온 황금사자상이 놓여 있었다. 오벨리스크의 기단에는 '도갈리의 영웅들에게'라고 쓰여 있다.

"말은 바꿀 수 있어도 사실은 바뀌지 않아." 로베르토가 거듭 말했다.

"오벨리스크 이야기는 나중에 하자. 일단, 영화부터 보고." 스테파노의 말에 우리는 떠밀리듯 미켈란젤로가 설계한 그리스 십자형 성당의 익랑으로 들어갔다. 급조한 상영관에는 200명 정도의 관중이 있었다. 단편 전위영화가 수 편 상영되었다. 모두 흑백영화로 일본 영화 〈벌거벗은 섬〉(신도 가네토 감독, 1960년)도 있었다.

나는 중간에 빠져나와 어두컴컴한 성당 안을 거닐었다. 밤의 성당을 혼자 거닐 수 있는 기회는 거의 없다. 주 제단에 작은 불빛이 빛나고 있었다.

영화가 끝난 후, 우리는 카페테라스에 앉아 공화국 광장의 분수를 바라보며 영화에 대해 이야기를 나누었다. '공화국 광장이라는 이름은 공화정에 대한 모독'이라는 의견도 나왔다. 끊이지 않는 대화를 마무리 짓듯 카를로가 말했다.

마르치아 수로의 복구를 축하하는 모습. 구 몬탈토 정원 입구에 흰 법의를 입고 옥좌에 앉아 있는 교황 피우스 9세.

"이 나이아데스(물의 요정)는 품위가 없어. 이 조각상들이 세워지기 전 분수는 저 암울한 오벨리스크 자리에 있었어. 게다가 이 분수는 식스투스 5세가 끌어온 물이 아니라 펠리체 페레티를 흉내 낸 피우스 9세의 분수야."

카를로가 보여준 오래된 그림엽서에는 '마르치아 수로 Aqua Marcia(고대의 마르키아)의 복원을 축하하는 분수 광장 행사'가 그려져 있었다. 1870년 9월 10일의 일이다. 그로부터 10일 후, 통일 이탈리아 왕국의 군대가 동쪽의 성문을 통해 로마로 들어왔다. 교황 피우스 9세는 바티카노 궁전에 칩거하며 이탈리아 정부와의 교섭을 거부했다. 교황청과 이탈리아 왕국의 화해가 이루어진 것은 1929년 무솔리니 정권하의 라테라노 협정을 통해서였다.

오랜 교회국가의 역사 속에서 고작 5년의 재위기간이었지만 교황 식스투스 5세가 온 힘을 다해 이룩한 대업의 가치는 실로 막대하다. 바로크의 로마가 오늘날에도 그 명맥을 이어가고 있기 때문이다. 그리고 그 중심에 바로크의 분수가 있다.

2

로마의 광장과 거리 곳곳에 바로크의 분수가 넘쳐나게 된 데는 두 가지 요인이 있다. 하나는 고대에 신전과 경기장 혹은 무덤 앞에 세워져 있던 오벨리스크를 순례길의 지표로 활용한 것이며, 다른 하나는 야만족의 침입으로 끊긴 고대의 수로를 복구해 펠리체 수로를 완성한 것이다. 이 두 가지 요인이 예술가들의 뛰어난 솜씨와 어우러져 아름다운 바로크의 분수를 탄생시킨 것이다. 바로크 분수에 하늘을 찌를 듯 우뚝 서 있는 오벨리스크와 땅속을 흐르는 수로가 일체화된 이른바 표리表裏의 관계이다.

일단 30년도 더 된 옛 친구들과의 대화 중 유효한 부분을 되새기며 오벨리스크에 대해 정리해보자.

예컨대 오벨리스크는 하나의 거대한 암석으로 만들어졌다는 사실은 앞서 이야기한 바 있다.

"과연 저렇게 높은 돌기둥을 어떻게 잘라냈을까?"

"설마, 우뚝 선 바위를 잘라냈다고 생각하는 건 아니겠지?"

"그럴 리가."

"당연히 누워 있는 바위를 잘랐겠지."

"아스완의 채석장에는 자르다 만 거대한 바위가 그대로 누워 있다던데."

"바위를 자를 때가 훨씬 힘들었겠지…."

먼저 바위의 세 면을 자른 후 마지막으로 네 번째 면 즉, 뒷면을 깎아낸다. 오벨리스크의 꼭대기 부분은 보통 피라미드형이다. 고대 이집트인들은 새벽빛이 가장 먼저 비치는 그곳에 태양신이 깃든다고 생각했다. 고대 로마의 황제들은 이집트에서 가져온 오벨리스크를 여러 방법으로 다양하게 활용했다. 오벨리스크 2개를 나란히 세우기도 했다. 아우구스투스 황제의 묘지 앞에 나란히 세워진 오벨리스크가 그런 예이다.

하지만 교황 식스투스 5세는 오벨리스크를 완전히 다른 방식으로 사용했다. 고대 로마의 황제들과 다른, 새로운 활용법을 찾아낸 것이다. 사회의 밑바닥에서 교황의 자리에까지 오른 그가 이런 방법을 생각해낸 계기가 무엇이었을까. 오랫동안 그 점에 대해 조사해보았지만 교황의 말과 행동에서 이렇다 할 근거는 찾지 못했다. 하지만 몬탈토 추기경 시절 즉, 교황에 취임하기 이전에 이 기발하고도 탁월한 방식을 생각해냈음이 분명하다.

어쨌든 교황 식스투스 5세가 생각한 방식은 다음의 두 가지를 바탕으로 성립했을 것이라고 본다. 첫 번째는 고대의 재생을 꾀했다는 점이다. 이는 자신보다 반세기 내지는 1세기 전의 교황들이 라파엘로, 상갈로, 미켈란젤로 등의 뛰어난 예술가를 중용해 이른바 르네상스 문화를 구축한 것이 밑바탕이 되었을 것이다.

두 번째는 새로운 세계관을 세우고자 한 점이다. 이는 이단 심문관 시절의 경험이 영향을 미쳤을 것이다. 즉, 대항종교개혁에 앞장서야만 했던 그의 입장을 나타내는 것이기도 하다. 대항종교개혁Contrareformatio이라는 말이 낯설게 들릴지 모른다. 만일을 위해 확실히 해두자면, 대항종교개혁과 반종교개혁은 다르다.

어쨌든 본래는 이교도 세계에 속해 있던 고대의 오벨리스크를 그리스도교 세계의 질서 속에 끌어들여 '성도聖都 로마'의 길잡이로 삼았다. 그리고 로마로 들어오는 순례자들을 안내할 지표와 함께 갈증을 달래줄 샘물이 필요했던 것이다. 그러려면 언덕 사이사이를 흐르는 고대의 수로를 복구해야 했다. 고대의 수로 중 가장 먼저 복구된 것은 1447년 니콜라우스 5세의 비르고 수로였다. 실은 앞서 소개한 기디온의 계획도 오른쪽 하단에 기록된 교황들은 고대 수로의 부흥에 힘쓴 이들의 이름이기도 하다. 식스투스 5세는 그야말로 고대 수로 부흥이라는 대업을 완성한 인물이었다.

여기서 식스투스 5세의 특이한 사상과 행동을 꿰뚫어본 한 인물에 대해 살펴보자. 동시대의 대지식인 토르쿠아토 타소Torquato Tasso(1544~1595년)이다. 식스투스 5세와 오벨리스크 그리고 수로에 관한 나의 고찰은 이 대시인의 작품을 바탕으로 하고 있다.

거듭 이야기하지만 로마 거리에 바로크의 분수가 넘쳐

나는 데는 두 가지 요인이 있었다. 첫 번째는 하늘을 찌를 듯 우뚝 서 있는 오벨리스크, 두 번째는 땅속을 흐르는 수로이다. 그리고 몬탈토 추기경은 고대 수로의 복구야말로 중세 이래 황폐해진 언덕 위의 로마를 되살리는 가장 좋은 방법이라고 여겼다.

1576년 여름, 몬탈토 추기경은 루카 출신의 의사로부터 에스퀼리노 언덕에 펼쳐진 포도밭을 사들였다. 대략 1,000년의 세월 동안 물 부족으로 바짝 말라버린 대지에는 고대 공화정 시대의 성벽 잔해와 폐허가 된 건물이 곳곳에 방치되어 황량한 풍경을 만들어내고 있었을 것이다.

하지만 남서로 트인 고대 로마의 폐허가 내려다보이는 전망은 훌륭했다. 멀리 보이는 콜로세움과 가로누운 팔라티노 언덕, 그리고 캄피돌리오의 세나토리오 궁전 위로 솟아 있는 종탑까지 한눈에 들어온다. 불우한 시절 몬탈토 추기경이 자주 찾았다는 그곳은 과거 아그리피나의 질투로 죽음을 선택할 수밖에 없었던 여인 롤리아 파울리나의 정원이었던 장소이다.

베르길리우스와 호라티우스 등의 문인들을 비호한 마에케나스Gaius Clinius Maecenas(이탈리아어로는 메세나테)의 정원도 근처에 있었다. 여담이지만 르네상스 시기에 이 에트루리아 출신의 부유한 로마 귀족을 모방해 문인과 예술가들을 후원하는 이들이 나타났다. 이런 활동을 이탈리아에서는 메체나티즈모mecenatismo(문예 옹호) 또는 마에케나스의 프랑스어 발음에서 유래한 메세나Mecenat라고 한다.

추기경이 사들인 대지 북쪽은 디오클레티아누스 황제의 욕장 유적에 접해 있었다. 또한 빌라 몬탈토의 담장 안쪽에 폐허가 된 욕장 유적의 일부가 포함되어 있기도 했다. 고대의 수로는 황제의 욕장을 향해 뻗어 있었다. 고대 수로의 종착점이 모여 있고, 훗날 열차 선로의 종점이 들어선 이유도 있을 것이다. 종착역을 뜻하는 테르미니Termini역이라는 명칭이 생겼다. 최근에는 테르미니라는 명칭이 디오클레티아누스 황제의 욕장을 뜻하는 테르메Terme에서 유래했다고 쓰여 있는 여행안내서 등을 종종 본다. 나로서는 온전히 믿기 어렵다. 발음은 비슷하지만 테르메와 테르미니의 어원은 전혀 다르기 때문이다.

가난한 농민의 아들로 태어난 몬탈토 추기경은 메마른 포도밭을 거닐며 잃어버린 고대의 영광을 떠올렸을 것이다. 그는 전임자인 교황 그레고리우스 13세의 조치로 연금마저 끊긴 불우한 시절을 보냈다고 한다. 앞에서도 이야기했지만 그에게 추기경 시절은 가장 힘든 시기였다. 그는 빌라 몬탈토에 칩거하며 메마른 포도밭에서 폐허가 되어 말라버린 고대의 수로를 재생하고 싶었을 것이다.

제정 로마의 복원도를 보면 알 수 있듯, 고대의 급수로를 복구해 빌라 몬탈토까지 물을 끌어들일 수 있다면 에스퀼리노 언덕 일대는 물론 비미날레와 퀴리날레 언덕까지 윤택해질 것이다. 더 나아가 캄피돌리오 언덕까지 물을 댈 수 있을지 모른다. 그뿐만이 아니다. 여덟 번째 핀초 언덕까지 북쪽 성벽을 따라 수로를 조성하는 것도 가능했다.

돌이켜보면 서로마제국이 멸망한 후 일곱 언덕에서 번영을 누렸던 고대의 도시는 쇠퇴 일로를 걸었다. 특히 537년 로마를 포위한 동고트 왕국의 비티제Vitiges(또는 비티게스)가 고대의 수로를 파괴해 성벽 안쪽의 물 공급을 끊었을 때 결정적인 국면을 맞았다.

그 후, 거의 900년간 언덕 위쪽의 물 공급이 끊기면서 사람들은 생활용수를 찾아 테베레강 유역의 저지대로 이주할 수밖에 없었다. 중세 로마의 거주지역을 나타낸 지도를 통해 분명히 알 수 있다. 그리고 앞에서도 말했듯이 최초로 복구된 고대 로마의 수로가 비르고Virgo(Vergine, 베르지네) 수로였다. 수량은 많지 않았던 듯하다. 그 당시 설치했던 트레비 분수의 전신인 저수조貯水槽에 물이 가득 넘치게 된 것은 1570년 8월 16일 피우스 5세 때였다. 물론 이 분수가 지금과 같이 호화로운 조각상으로 장식되기 전의 이야기이다. 트레비 분수에 물이 넘쳐났지만 비르고 수로만으로 동북부의 높은 언덕 위까지 물을 댈 수는 없었다. 비르고 수로는 본래 캄포 마르치오의 아그리파 욕장에 물을 대기 위해 만들어졌기 때문이다.

전임자 그레고리우스 13세가 세상을 떠나고 마침내 몬탈토 추기경 펠리체 페레티가 1585년 4월 24일 교황 식스투스 5세로 선출되었다. 그리고 그날 새로운 교황은 고대 알렉산드리나 수로의 재건을 결정했다. 알렉산데르 세베루스 황제Alexander Severus(A.D. 222~225년 재위)가 만든 이 고대 수로의 원천은 로마 동쪽에 있는 도시 팔레스트리나 부근의 판타넬레 언덕에 있었다. 이 일대는 12세기 초부터 로마 귀족 콜론나 가문의 영지였다. 교황에 취임한 지

불과 한 달 후인 1585년 5월 28일 식스투스 5세는 그 풍부한 수원지를 콜론나 가문으로부터 사들여 6월에는 공사대금 일부를 치렀다.

그리하여 수개 월 후인 1585년 가을 에스퀼리노 언덕에 물을 댈 수로 공사가 시작되었다. 초기에는 핀초 언덕까지 물을 공급하는 조건으로 메디치 가문의 협력을 얻어 공사 지휘를 맡겼다. 그러나 공사 방식에 문제가 발생하면서 교황의 복심이자 실력 있는 건축가 도메니코 폰타나에게 지휘를 맡겼다. 교황의 목표는 캄피돌리오 언덕까지 수로를 조성하는 것이었기 때문이다.

건축가 폰타나는 교황의 기대에 부응해 온갖 어려움 속에서도 대공사를 완성했다. 매일 2,000명 이상의 노동자가 동원된 공사였다고 한다. 1년여가 지난 1586년 10월 말, 가장 먼저 빌라 몬탈토에 물이 공급되었다. 이듬해에는 핀초 언덕에 있는 메디치 가문의 저택에도 물이 공급되었다. 그리고 1589년 성처녀聖處女의 탄신제(9월 8일)에 펠리체 수로의 완공식이 열려 시내의 모든 공공 분수에 '행복Felice'의 물이 가득 넘쳤다고 한다.

바로크 시기의 대시인 타소는 당시의 모습을 '식스투스

5세 교황 예하가 건설한 펠리체 수로를 위하여'라는 장시
를 남겼다.

첫머리의 8행은 다음과 같다.

　　닫힌 어둠을 거슬러온 물이여
　　땅속에 길을 내며 거슬러 올라와
　　마침내 어두운 바닥에서 탁 트인 하늘 아래로
　　태양빛을 향해 뿜어져 나온 물이여
　　고대에는 전 세계를 호령한 이 도시의
　　기념비보다 높이 솟은 노송나무 아래에서
　　비좁은 곳을 나와, 이 도시를 본 아우구스투스 황제처럼
　　이 얼마나 경이로운 광경인가.

　북이탈리아의 성곽 도시 페라라에 있는 에스테 가문의
궁정 시인이었던 타소는 장편 서사시 '예루살렘 해방La
Gerusalemme liberata(1575년 완성)'으로 널리 이름을 알렸다.
하지만 주군 알폰소 공과의 알력으로 7년간 산타안나 병
원의 지하에 감금되었다. 1586년 7월 간신히 풀려난 타소
는 도망치듯 북이탈리아를 떠나 '영원의 도시' 로마를 찾
아온다.

그때 타소는 펠리체 수로의 완공식을 보았을 것이다. 고대의 알렉산드리나 수로를 부분적으로 이용한 펠리체 수로는 총 길이 20마일 중 앞의 13마일은 땅속을 흐르고 뒤의 7마일은 지상의 수도교 위를 흘렀다. '비좁은 곳을 나와' '어두운 바닥에서 탁 트인 하늘 아래로' 뿜어져 나온 물의 기쁨은 고통스러운 감금 생활에서 자유의 몸이 된 시인의 기쁨과도 같았다.

과거 페라라로 옥중의 시인을 찾아온 미셸 몽테뉴의 모습이 몇 점의 그림으로 남아 있다. 후에 괴테는 타소가 갇혀 있던 감옥의 자취를 찾아다녔으며, 스탕달은 페라라를 지날 때마다 그 지하 감방 안에 들어가보았다고도 한다. 벌써 10년도 더 된 일이지만 타소를 연구하던 지인과 나는 19세기 타소 연구의 대가 안젤로 솔레티Angelo Solerti가 그린 옛 도면에 의지해 간신히 페라라의 지하 감방을 찾아냈다. 이제는 찾아오는 사람 하나 없는 차가운 지하의 낮은 천장과 철창 사이로 비치는 한 줄기 빛 아래에 섰을 때의 암담한 심정이 아직도 잊히지 않는다.

타소의 비극적인 생애는 스테파노와 로베르토 그리고

게토 부근 마티 광장에 있는 타르타르게
분수.

파키노 분수. 지금의 라타 거리에 있다.

카를로와의 대화에서도 종종 화제가 되었다. 결국에는 바로크 정신을 둘러싼 다양한 생각으로 전개되었다. 미켈란젤로부터 타소에 이르기까지 혹은 그 반대 방향으로 서로 대립하는 의견도 있고 일치하는 견해도 있다 보니 자연히 보조선이 그어지기도 한다.

그런 토론이 오고가던 중 바로크의 분수가 화제에 올랐다.

"가장 훌륭한 분수를 하나만 꼽는다면?" 나는 불시에 스테파노에게 물었다.

"역시 나보나 광장의 분수 아닐까."

"엄밀히 말할 필요가 있어." 로베르토가 곧장 이의를 제기했다. "분수는 크게 실용성을 중시한 것과 관상용으로 나눌 수 있어. 조각상으로 장식된 분수와 그렇지 않은 분수 말이야. 물론 두 가지가 혼재된 경우도 있지."

"지금은 가장 훌륭하고 예술적인 '바로크의 분수'라고 하자." 스테파노가 말했다. "그렇다면 나보나 광장의 분수이지. 카를로, 네 생각은 어때?"

"역시 나보나 광장이겠지. 하지만 개인적인 취향을 묻는다면 타르타르게Tartarughe(거북이) 분수를 꼽겠어." 카를로가 대답했다.

"나는 파키노Facchino(짐꾼) 분수. 루터 분수라고도 하지. 얼굴을 새긴 분수 중엔 가장 심하게 손상되긴 했지만." 그렇게 말한 후 로베르토가 내게 물었다. "네 생각은 어때? 외국인의 감각으로 보기엔."

모두 나를 바라보며 입을 다물었다. 늦은 밤 에제드라 광장의 카페에서였다. 나이아데스의 요정들이 내려앉으며 물보라를 튀기는 소리가 들려왔다.

내 대답은 평범했다. "난 트리토네 분수를 꼽겠어."

트리토네 분수. 광장의 한쪽 구석, 비토리오 베네토 거리 입구에는 벌의 분수도 있다(사진 오른쪽 구석).

VI 즉흥시인의 광장

진짜 '즉흥시인'이 있었다.
로마 방언으로 '소네트'를 읊던
문학사의 귀재 주세페 벨리.
시인은 안데르센이 로마에 머물던 무렵
트레비 분수의 무대 뒤편 궁전에 살고 있었다.

1

로마에 가본 적이 있는 사람은 아름다운 분수가 있는 바르베리니 광장을 알 것이다. 분수에는 바다의 신 트리토네가 소라고둥을 불고 있고, 그 소라에서는 세찬 물줄기가 하늘 높이 솟구친다. 로마에 가본 적이 없는 사람이라도 동화화 같은 것을 통해 보았던 광경일 것이다. 하지만 그런 그림에는 유감스럽게도 펠리체 거리 모퉁이에 있는 집 한 채가 빠져 있다. 그 집 벽에 매달린 세 줄기 파이프에서는 아래쪽 수반으로 물이 흘러내린다. 이 집이야말로 내게는 더없이 그립고 소중한 곳이다. 내가 태어난 곳이기 때문이다.

어린 시절을 돌이켜보면 온갖 추억이 끝없이 뒤엉켜 있

어서 무엇부터 말해야 좋을지 모르겠다. (이와나미문고판『즉
흥시인』참조)

　모리 오가이가 옮긴 안데르센의『즉흥시인』(1901년)의 첫
머리이다. 춘양당쇼텐春陽堂書店에서 상하 2권으로 출간
되기 전, 잡지〈시가라미 소시しがらみ草紙〉와〈메자마
시 소めざまし草〉에 나누어 실렸던 때부터 모리 오가이의
역서를 읽은 메이지(1868~1912년) 시대의 남녀는 실제 본 적
없는 로마의 풍경과 파란만장한 사랑 이야기에 얼마나 가
슴이 뛰었을까.

　메이지, 다이쇼, 쇼와의 세 시대에 걸쳐 일본인들의 마
음에 이탈리아와 로마에 대한 가장 깊은 인상을 남긴 것은
다름 아닌 모리 오가이가 옮긴『즉흥시인』이었다. 하지만
현대에는 국문학 전공자가 아닌 이상 그가 옮긴 뛰어난 문
장들을 쉽게 읽어내기는 쉽지 않을 것이다.

　언어는 생물과 같아서 시대와 함께 바뀐다는 것을 모리
오가이 자신도 잘 알고 있었다. 그러니 후세의 독자들을
위한 새로운 역서가 나오는 것은 당연하다. 같은 이와나
미문고에서 오하타 스에키치大畑末吉 역『즉흥시인』(1960년)

보르게세 정원　핀치아나 성문
포르타 핀치아나 거리

빌라
메디치

카시노 델라
오로라

몬콤파니 거리

트리니타
데이 몬티 성당

루도비시 거리

마르게리타 궁전

핀토
테
리오
베

마르
게
리
타
거
리

비
토
리오

산토 이시도로
성당

빌라
마르타

피아 성문

안데르센이
살던 집

크리스피
거리

산타 마리아 델라
콘세치오네 성당

디오클레티아누스
황제 욕장 유적

카포 레 카세 거리

모세의 분수

산 안드레아 델레
프라테 성당

바르베리니 광장

9월 20일 거리

공화국 광장

트리토네 거리

산타 마리아 인
트리비오 성당

콰트로 폰타네
교차점

콰트로 폰타네, 거리

오페라 극장

퀴리날레 궁전

산 카를리노 성당

트레비 분수

산 안드레아 성당

비미날레 거리

에스퀼리노 광장

퀴리날레 거리

나치오날레 거리

데프레티스 거리

콜론나
궁전

퀴리날레
광장

산타 푸덴치아나
성당

산타 마리아
마조레 대성당

164

이 출간된 것은 그러한 이유에서일 것이다.

　1980년대 들어 이탈리아를 방문하는 일본인이 늘었다. 내가 대학에서 가르치는 학생들에게도 이탈리아를 방문한다면 먼저 오하타 스에키치가 옮긴『즉흥시인』상·하권을 일독할 것을 권했다. 상권은 로마 시내와 주변 명소의 안내서와 같은 역할을 한다. 또 하권은 나폴리, 소렌토, 아말피 그리고 파에스툼에 이르는 풍광명미한 지역의 안내와 함께 주인공이 북쪽으로 올라온 후부터는 베네치아까지 이야기의 무대가 되기 때문이다.

　한편 오하타와 모리 오가이가 옮긴 상권의 단락 구분이 조금 다른데, 오하타의 역서가 로마 안내(상권)와 이탈리아 안내(하권)의 2부 구성을 꾀한 안데르센의 의도에 더욱 가깝다고 할 수 있다. 실제 이탈리아어로 된 호화판(H. e G. Cau Elmqvist 역)은 오하타가 옮긴 상권과 같이 제14장 '로카 델 파파의 농부들. 산적의 동굴'까지를 한 권으로 엮고『로마 이야기』(1984년)라는 부제를 달았을 정도이다.

　바르베리니 광장은 로마의 일곱 번째 언덕 퀴리날레와

여덟 번째인 핀초 언덕 사이에 위치한다. 교황 식스투스 5세가 산타 마리아 마조레 대성당 뒤편의 오벨리스크부터 북서쪽을 향해 만든 직선도로는 지금의 거리명으로 말하면, 먼저 데프레티스 거리는 완만한 골짜기를 내려가 나치오날레 거리를 지나고, 콰트로 폰타네 거리의 비탈길을 올라 퀴리날레 언덕의 능선 길과 비스듬히 교차하며, 콰트로 폰타네 거리의 비탈길을 따라 내려와 골짜기 바닥의 바르베리니 광장에 닿는다.

이어서 직선도로는 곧장 시스티나 거리를 올라 핀초 언덕의 트리니타 데이 몬티 성당 앞의 오벨리스크에 이른다. 즉, 지금은 데프레티스 거리, 콰트로 폰타네 거리, 시스티나 거리의 세 가지 명칭으로 불리는 직선도로(오벨리스크에서 오벨리스크까지)는 과거 이 도로를 만든 교황의 본명(펠리체 페레티)을 따 펠리체 도로라고 불렸다.

안데르센은 1833년부터 1년여에 걸쳐 로마에 머물며 당시의 체험을 바탕으로 『즉흥시인』을 썼다. 당시에는 모리 오가이의 역서에도 나오듯 '비아 펠리체Via Felice' 즉 펠리체 거리라고 불렀다. 그리고 광장 모퉁이에는 '그 집 벽에 매달린 세 줄기 파이프에서는 아래쪽 수반으로 물이 흘

일요화가 프란츠가 그린 바르베리니 광장. 분수 뒤로 일직선으로 뻗어 있는 내리막길은 지금의 트리토네 거리. 오른쪽 끝에 그려진 '펠리체 거리의 모퉁이 집'이 『즉흥시인』의 주인공이 태어난 집. 한쪽 구석에 벌의 분수가 있었다.

러내린다'라고 쓰인 작은 분수가 있었을 것이다.

스페인 계단 아래 콘도티 거리의 호텔에서 일했던 뢰슬러 프란츠Ettore Roesler Franz는 소위 일요화가였지만 1875년 호텔을 그만둔 후부터는 이탈리아 왕국의 수도가 된 로마가 근대화의 물결에 휩쓸려 빠르게 잃어가는 풍경의 미를 아쉬워하며 다수의 풍경화와 풍속화를 남겼다.

『즉흥시인』의 바르베리니 광장도 예외는 아니었다. 프란츠의 그림 속에는 트리토네 분수 뒤편으로 구획 정리로 허물어지기 이전의 '비아 펠리체의 모퉁이 집'이 그려져 있다. 또한 모퉁이의 작은 분수는 대량으로 솟구치는 트리토네 분수의 물을 지하에서 모아 가축 용수로 재이용하는 용도로 쓰였다. 이런 식으로 분수의 물을 재이용하는 작은 분수가 스페인 광장의 바르카차 분수 옆에도 있었다.

트리토네 분수는 1643년 교황 우르바누스 8세(1623~1644년 재위)의 명에 의해 만들어졌다. 길모퉁이에 있던 작은 벌의 분수는 이듬해인 1644년에 설치되었다. 둘 다 대예술가 잔 로렌초 베르니니(1598~1680년)의 작품이다. 다만 『즉흥시인』의 주인공 안토니오의 생가 즉 '모퉁이 집의 수반'은 현재 비토리오 베네토 거리 입구 오른편으로 옮겨졌다. 바로크의 상징과도 같은 하얗고 부드러운 석회석으로 만든 크고 작은 분수에는 교황 우르바누스 8세를 배출한 바르베리니 가문의 문장인 '세 마리의 벌'이 새겨져 있다.

한 가지 덧붙이자면 현재 베네토 거리 입구로 옮겨진 벌의 분수는 베르니니가 만들었을 당시의 모습이 거의 남아 있지 않다. 아마 물을 핥고 있는 세 마리 벌만이 원형에 가까울 것이다. 1665년 2월로 기록된 벨기에 출신의 리빈 크릴Lievin Cruyl이 그린 펜화 '스포르차 광장, 오늘의 바르베리니 광장의 풍경' 한구석에 그려진 '비아 펠리체의 모퉁이

현재의 벌의 분수. 베르니니의 원안과는 다른 모습이다.

집'과 작은 분수의 그림과 약 200년 후의 프란츠의 그림을 통해 확인할 수 있는 모습이 상당히 다르기 때문이다.

리빈 크륄의 그림에 주목한 로마 연구가 체사레 도노프리오는 그의 저서 『로마의 수로와 분수』(1977년)에서 벌의 분수의 변천에 대해 자세히 썼다. 그 내용에 따르면 '1865년경 밝혀지지 않은 어떤 이유로 원래 있던 길모퉁이에서 철거된 이 작은 분수는 오랫동안 시 당국의 창고에 잠들어 있다가 1915년 말 베네토 거리 입구 한구석에 재건되었다'고 한다.

철거와 재건에 관한 시 당국의 자세한 기록 중 나의 관

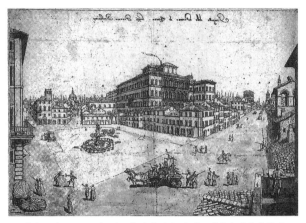

리빈 크륄Lievin Cruyl '스포르차 광장, 오늘의 바르베리니 광장의 풍경'

심을 끌었던 한 가지는 베르니니가 벌을 조각한 석재가 석
회석이 아닌 루니Luni산 대리석이었다는 사실이다. 루니
는 고대 에트루리아의 도시로, 지금의 마사Massa(토스카나
지방) 일대에 해당한다.

다시 한 번 크륄의 펜화를 살펴보자. 펠리체 거리 모퉁
이에 있던 『즉흥시인』의 안토니오가 태어난 집(정확히는 소
델리니의 저택) 아래에 있던 분수(그림 왼쪽 아래)는 한쪽만 열
린 조개껍데기 형태로 지금의 모습과는 다르다. 한쪽이
수직으로 열린 조개껍데기는 광장 중앙에서 당당하게 상

반신을 일으킨 바다의 신 트리토네를 수평 방향으로 떠받치는 양쪽이 활짝 열린 커다란 조개껍데기와 절묘한 조화를 이루었을 것이다.

1665년 2월이라는 크륄의 서명에서도 알 수 있듯이 사육제가 한창이었을 것이다. 거리에 가면을 쓴 사람 몇몇이 보인다. 그 광경을 지켜보는 사람들의 신장과 비교하면 조개껍데기의 크기를 대강 짐작할 수 있다.

기구한 운명을 거슬러 현대에까지 전해진 크륄의 펜화는 1600년대 중반 로마의 풍경을 보여주는 귀중한 문헌이다. 이 화가에 대해서는 워낙 불분명한 점이 많은데 주의 깊은 독자라면 눈치 챘을 것이다. 풍경과 글자가 역방향으로 되어 있다. 즉, 이 책에는 일부러 그림을 반전시켜 실제 풍경으로 되돌렸지만 원래의 펜화는 거울에 비친 것처럼 좌우가 반전된 그림이다. 그의 펜화는 회화라기보다 사진에 가깝다.

안데르센은 바로크 예술을 대표하는 트리토네 분수의 매력을 정확히 표현하진 않았지만 1830년대 로마를 상징하는 것으로 『즉흥시인』의 첫머리에서 트리토네 분수에 대해 썼다. 안데르센이 머물던 무렵은 식스투스 5세의 펠리체 수로가 완성된 지 2세기 이상 흐른 뒤였지만 바르베리니 광장은 아직 로마 시내 동북쪽 끝에 위치하고 있었다. 그보다 동쪽에는 디오클레티아누스 황제의 욕장 유적이 포함된 빌라 루도비시와 빌라 몬탈토의 드넓은 녹지가 펼쳐졌다(179쪽 지도 참조).

식스투스 5세는 펠리체 수로가 끝나는 지점에 모세의 분수로 장식한 저수조를 설치하고 거기서부터 일직선으로 도로(지금의 9월 20일 거리와 퀴리날레 거리)를 따라 물길을 내 퀴리날레 궁전까지 물을 공급했다. 그 덕분에 1600년대에 이 도로 좌우에 몇몇 중요한 수도원과 성당이 세워졌다. 호화로운 바르베리니 궁전도 그 무렵에 지어졌다.

능선을 따라 뻗어 있는 이 도로의 북쪽 경사면에서 핀초 언덕에 걸친 골짜기 일대는 대부분 바르베리니 가문의 영유지가 되었다. 그 중심에 트리토네 분수가 설치된 것이다. 그리고 이 분수가 내려다보이는 위치에 바르베리니 궁전이 지어졌다.

앞서 소개한 리빈 크뤨의 그림에는 바르베리니 가문의 영유지가 거의 완벽한 구도로 그려져 있다. 그림 왼쪽 하단의 조개껍데기 분수. 작게 그려진 트리토네 분수. 그리고 두 분수의 연상선상 즉, 그림 중앙에 있는 바르베리니 궁전. 이 그림에 빠진 것은 왼쪽 끝에 있었을 『즉흥시인』의 주인공이 태어난 집 뒤쪽에 가려진 속칭 '해골사원Santa Maria della Concezione' 뿐이다. 모리 오가이의 『즉흥시인』을 살펴보자.

아마 내가 여섯 살 때였을 것이다. 그 무렵 나는 맞은 편에 있던 첨모종尖帽宗 성당 앞에서 친구 두세 명과 함께 놀곤 했다. 성당 문에는 작은 놋쇠 십자가가 붙어 있었다. 그것은 문 한가운데쯤에 붙어 있어 손을 한껏 뻗으면 겨우 닿을 정도였다. 어머니 손에 이끌려 성당 문 앞을 지날 때마다 나는 어머니 품에 안겨 그 고귀한 십자가에 입을 맞추었다.

현대 로마의 번화가 비토리오 베네토는 안데르센이 머물던 당시에는 존재하지 않았다. 바르베리니 광장의 북쪽은 '해골사원' 즉, 산타 마리아 델라 콘세치오네 성당과 인접해 있었다. 그리고 핀초 언덕 쪽에는 산토 이시도로 성당으로 향하는 좁은 참배로가 있을 뿐이었다.

위 : 지금의 산타 마리아 델라 콘세치오네 성당(해골사원). 성당 바로 옆으로
거리가 뻗어 있다.
아래 : 버지의 판화(1700년대 중반)

같은 풍경을 그린 버지의 판화와 비교해보면, 그림 중앙
의 종루와 수도회 건물은 허물어져 도로가 되고, 오른쪽
앞 십자가가 세워진 부근에 지금의 벌의 분수가 설치되었
다. 또 산토 이시도로 성당은 베네토 거리를 따라 들어선
새 건물들에 가려져 보이지 않게 되었다.

토스카나 지방을 떠나 부유한 상인으로 성공한 바르베리니가의 마페오는 피렌체 출신으로 예수회의 엄격한 인문주의적 교육을 받고 마침내 교황 우르바누스 8세가 된다. 교황이 되자마자 사저인 바르베리니 궁전을 짓기로 계획하고 1625년 건축가 카를로 마데르노Carlo Maderno에게 의뢰해 조영에 착수했다. 제자인 프란체스코 보로미니 Francesco Borromini(1599~1667년)도 참여했지만 1629년 마데르노가 세상을 떠나면서 결국 1633년 베르니니가 완성시켰다.

바르베리니 광장에서 콰트로 폰타네 거리를 올라가 왼편의 문을 통해 들어가면 나오는 건물의 정면은 우미한 3층 구조로 되어 있다. 1층의 도리아식, 2층의 이오니아식, 3층의 코린트식 기둥이 정교하게 공간을 떠받치고 있다.

교황 우르바누스 8세와 손잡은 베르니니는 최대의 경쟁상대 보로미니와 자웅을 겨루듯 바로크 예술의 걸작을 잇따라 탄생시켰다. 크릴은 바르베리니 궁전(1633년), 트리토네 분수(1642~1643년), 벌의 분수(1644년)라는 베르니니의 이어지는 제작 과정을 참고로 바르베리니 가문의 위업을 그려냈다.

현재는 국립미술관으로 탈바꿈해 13세기부터 16세기에 걸친 수많은 명화를 만나볼 수 있게 되었을 뿐 아니라 최근에는 궁전 내부의 실제 생활공간도 공개되어 견학도 가능하다. 바르베리니 궁전 안까지 들어갔다면 창밖으로 보이는 정원은 물론 트리토네 분수를 내려다보는 것도 잊지 말기를 바란다.

바르베리니 광장에 서서 상반신은 인간, 하반신은 물고기인 신화 속 존재 트리토네Tritone(Triton, 라틴어로는 트리톤)를 올려다볼 때면, 보는 각도에 따라 달라지는 정묘한 모습에 시간 가는 줄 모른다. 밤의 짙은 어둠 속에서 비산하는 물방울과 빛과 음악의 교향시와도 같은 조각상을 바라보며 레스피기의 악곡을 떠올리기도 하고 분수 조명에 비친 또 다른 매력을 발견하게 될지도 모른다.

오후에 광장을 방문한다면 다음에 주목해보자. 하나는 광장 전체가 완만한 경사지에 있다는 점, 다른 하나는 오르막을 따라 오른쪽으로 뻗어 있는 거리의 가장 높은 지대에 펠리체 수로의 저수조에서 끌어온 취수구가 있다는 점이다. 최소한 그 높낮이 차만큼 소라고둥의 물을 뿜어 올릴 수 있도록 트리토네의 조각상을 설계했을 것이다. 무엇보다 분수의 물이 흘러넘치는 소리와 함께 석회석의 굴곡된 조형미를 감상하다 발견하게 되는 세 마리의 벌과 교황관은 바르베리니 가문의 위용을 오롯이 드러내는 듯하다.

언젠가 바르베리니 궁전 옆의 유리 외관이 인상적인 한 은행에 들렀다. 20여 년 전의 일로, 수중에 있던 달러화를 리라로 환전하기 위해서였다. 창구 너머로 훤칠한 신사가 응대해주었다. 그의 뒤로는 가로로 긴 벽 전면에 동판화로 복제한 거대한 트리토네 분수의 패널이 걸려 있었다. 나도 모르게 미소를 지으며 아름다운 풍경화 속에서 일하는 그에게 멋진 실내 장식에 대해 이야기했다.

그러자 그 신사도 미소 띤 얼굴로 지휘자 흉내라도 내듯 손에 쥐고 있던 볼펜을 들어 내 등 뒤를 가리켰다. 뒤를 돌아보자 눈앞에는 가로로 길게 이어진 유리창을 통해 트리토네 분수의 광장이 펼쳐졌다. 거대한 액자에 걸린 명화와 같은, 진짜 광장의 모습은 경이로움 그 자체였다.

2

완만한 경사지에 있는 광장에서 내리막을 따라 일직선

으로 뻗어 있는 트리토네 거리는 길 끝에서 코르소 거리와 직각으로 교차하기 때문에 로마 지리를 익히려는 사람에게는 좋은 길잡이가 된다. 하지만 안데르센이 머물던 무렵에는 아직 생기지 않은 거리였다.

『이탈리아 여행자 안내』(1845년)에 수록된 지도(다음 페이지)에 나타난 바르베리니 광장에서 코르소 거리로 가는 길을 살펴보자. 당시에는 광장에서 서쪽으로 내려가는 길(산타 마리아 디 콘스탄티노폴리 거리) 중간에 큰 건물들이 가로막고 있어 코르소 거리까지 곧장 가지 못했다.

만약 안데르센이 이신異神 트리토네가 뿜어낸 물길의 흐름을 발밑에서 느끼며 거리를 걸었다면, 앞길을 가로막는 궁전의 벽을 따라 왼쪽으로 꺾어지다 다른 광장으로 나왔을 것이다. 거기에는 또 다른 이신들이 거센 물보라를 일으키고 있었다.

트레비 분수가 지금처럼 극적 공간의 형태를 띠게 된 것은 1762년 이후부터였다. 그전까지 이 일대 취수 시설의 역사를 되돌아보며 다음의 세 가지를 지적하고자 한다.

원래 이 일대는 기원전 19년 아그리파에 의해 건설된 비르고 수로가 흐르던 곳이었다. 앞에서도 다루었지만 비

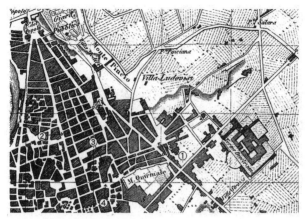

『이탈리아 여행자 안내』(1845년)에 수록된 지도. ① 바르베리니 광장 ② 코르소 거리 ③ 길을 가로막은 궁전 ④ 트레비 분수

르고 수로는 본래 코르소 거리 너머에 있는 아그리파 욕장에 물을 공급하기 위해 만들어졌다. 하지만 야만족의 침입으로 파괴된 이후 1,000년에 가까운 중세 내내 고대의 수로는 무용지물로 방치되었다. 1447년 교황 니콜라우스 5세가 이 수로를 되살렸다. 그리고 1570년 교황 피우스 5세 때 완전히 복구되었다.

고대의 비르고 수로를 복원한 베르지네 수로의 일부가 스페인 광장의 바르카차 분수로 흐르게 되었다는 것은 앞서 이야기한 바 있다. 남은 일부가 카포 레 카세 거리(구 살라리아 거리)를 지나 트레비 분수까지 흐른다. 다만 베르지네 수로는 수량이 적었다. 이때 메마른 로마의 일곱 언덕에 새롭게 고대의 수로를 재생하고자 한 인물이 교황 식스투스 5세이다. 그는 1589년 펠리체 수로를 건설하는 위업을 달성했다.

내가 짚어보고 싶은 몇 가지 중 첫 번째는 트레비 분수라는 명칭이다. 트레비Trevi의 어원은 분명치 않다. 하지만 일반적으로는 트리비오Trevio(Trivium, 라틴어로는 트리비움) 즉 '세 갈래 길, 삼거리'라고 추정한다. 과연 이 세 갈래 길은 어디에서 나왔을까? 분수 뒤편 폴리 궁전 옆에 있는 산타 마리아 인 트리비오 성당의 명칭도 트레비 분수의 어원을 설명하기에는 충분치 않다. 고지도를 아무리 들여다보아도 좀처럼 답을 찾을 수 없었다.

그런데 안데르센의 발자취를 따라 바르베리니 광장부터 당시의 길을 더듬어 트레비 분수까지 왔을 때, 그곳에서 땅속의 베르지네 수로와 펠리체 수로가 합류한다는 것을 깨달았다. 어쩌면 트레비라는 명칭은 '물의 삼거리'를 의미할지도 모른다는 생각이 들었다. 로마 연구가 도노프리오는 비르고 수로의 기원이 지금은 사라진 지명 트레비

움Trebium에서 유래한다고 말한다.

이번에는 1593년 안토니오 템페스타Antonio Tempesta의 가로도에 묘사된 트레비 분수(지도 상단)를 살펴보자. 세 개의 입구에서 대량의 물이 흘러나오고 있는 것으로 보아 펠리체 수로가(아마도 두 가지 경로를 통해) 베르지네 수로로 합류한 사실을 알 수 있다.

템페스타의 가로도(1593년). 트레비 분수가 서쪽(콜론나 광장 방향)을 향해 있다.

두 번째는 마찬가지 템페스타의 가로도를 보면 알 수 있듯 과거 트레비 분수는 서쪽을 향해 있었다(기념비가 세워진 콜론나 광장 방향). 이를 지금과 같은 남향으로 바꾼 후 정면의 벽과 연못을 무대와 같이 설정하고 물로 에워싼 광장의 극적 공간을 탄생시킨 것은 다름 아닌 천재 예술가 베르니니였다. 1665년에 그린 리빈 크륄의 작품 속에는 당시 트레비 분수의 정경(다음 페이지)이 잘 나타나 있다.

베르니니가 고안한 주제는 한 세기가량 늦어지기는 했지만 니콜로 살비Niccolo Salvi에 의해 실현되었다. 좌우에 트리토네를 거느리고 날개 달린 해마海馬가 끄는 거대한 조개 전차를 타고 궁전을 나서는 바다의 신 넵투누스Neptunus의 모습을 표현했다(1762년). 1833년부터 1년 남짓 로마에 머물렀던 안데르센은 지금의 트레비 분수와 거의 같은 광경을 본 것이다.

안데르센은 트레비 분수를 자주 찾았을 것이다. 그리고 순례자와 여행자 무리에 섞여 다시 로마로 돌아올 수 있기를 빌며 연못에 동전을 던졌던 것이 아닐까. 물론 소설 『즉흥시인』에서 동전을 던지는 장면은 등장하지 않는다.

한편 안데르센이 로마에 머물던 무렵 이 트레비 분수 뒤편 - 말하자면 무대 뒤에 해당한다 - 폴리 궁전에 유명한 '즉흥시인'이 살고 있었다. 로마 시민들에게도 널리 알려진 사실이었을 것이다. 로마 방언으로 날카로운 풍자를 담은 소네트(14행시)를 읊던 시인의 이름은 주세페 조아키노 벨리Giuseppe Gioacchino Belli(1791~1863년). 마지막으로 짚어보고 싶은 점이다.

리빈 크륄이 그린 트레비 분수(1665년). 남향으로, 시민들이 이용하는 세탁장
이 바로 앞에 있었다.

   1833년 10월 18일 덴마크의 작가 한스 크리스티안 안
데르센(1805~1875년)은 알프스를 넘어 이탈리아반도의 '영
원의 도시' 로마의 성문을 통과했다. 그는 4개월 남짓 로
마에 머물다 사육제가 끝난 후 나폴리로 갔다. 거기서 약
100km 거리의 남쪽 해안지대에 남아 있는 고대 그리스의
신전 유적 페스툼Paestum을 방문한 뒤 부활절에 로마로
돌아왔다가 다시 북쪽의 덴마크로 돌아갔다. 1833년 12월
27일 『즉흥시인』을 처음 쓰기 시작해 로마에 머물며 여러
장을 완성했다고 한다.

   오하타 스에키치 역 『안데르센 자서전』(이와나미문고)에는
'로마에 있을 때, 고향 친구가 편지로 하이버그가 나에 대

지금의 트레비 분수

해 한 말을 은밀히 전해준 일이 있었다. 그는 나를 일종의 '즉흥시인' 같은 녀석이라고 말했다고 한다. 이 멋진 말이 내 새로운 책의 제목과 인물을 떠오르게 한 불씨가 되었다'라며 안데르센이 『즉흥시인』이라는 제목의 유래를 이야기하는 대목이 나온다.

　문학에 대한 자세와 자질 면에서 벨리와 안데르센은 거리가 멀다. 그만큼 두 사람의 시심詩心이 교차하는 지점은 없다. 하지만 신기하게도 두 사람은 같은 시대, 같은 로마의 거리에 살고 있었다.

안데르센이 로마에 온 1833년 10월 18일부터 완전히 로마를 떠난 이듬해 부활절까지 5개월 남짓한 동안 벨리는 로마 방언으로 된 160편의 소네트를 지었다. 그는 평생 동안 이런 즉흥시를 2,279편이나 지었지만 말년에는 모

즉흥시인 조아키노 벨리

두 파기하라는 유언을 남기고 세상을 떠났다. 그의 소네트 한 편을 소개한다.

교황 식스투스

신의 대리인 자리에까지 오른
많은 이들 중에서도 이제껏 본 적 없는
땡고함을 질러대는 교황, 말보다 손이 빠른 교황
엉뚱하기 짝이 없는 교황, 식스투스에 버금가는 교황.

가까이 있는 자는 누구든

호통을 치는 것은 물론이고
상대가 그리스도라도 봐주는 법 없이
철저히 깨부쉈다.

감사하게도 이제는 신의 은총으로
그렇게 극성맞은 자의 뒤를 이어 교회를
궁지로 몰아넣는 자는 나오지 않는다.

이제는 누구 하나
염치없이 그 이름을 계승해
식스투스 6세를 칭하지 않는다.

(1834년 4월 9일)

이 시에서 노래하는 인물은 오벨리스크를 세우고 펠리체 도로와 펠리체 수로를 건설했으며 당시에는 교황의 사저였던 퀴리날레 궁전을 정비한 식스투스 5세이다. 어느 날, 나무로 만든 그리스도의 십자가상이 피를 흘린다는 소문이 퍼졌다. 식스투스 5세는 조각상 내부에 장치된 비밀을 알아내자마자 그 자리에서 도끼로 '깨부쉈다.' 사회 최하층에서 교황의 자리에까지 오른 그는 철저한 합리주의자였다. 그는 끊임없이 가난한 민중의 무지를 바르집고

노동에 힘쓰도록 설교했다.

아쉽게 실현하지 못한 '엉뚱하기 짝이 없는' 그의 사업의 하나로, 거대한 폐허 콜로세움을 대규모 양모 방적공장으로 개조하는 계획이 있었다. 1층에는 작업장, 위층의 관객석은 노동자들의 주거공간으로 만들 계획이었다고 한다. 여느 때처럼 교황의 복심인 건축가 도메니코 폰타나가 설계한 계획도도 남아 있다. 이를 '엉뚱하기 짝이 없는 교황'의 계획이라고 볼지 고대 건축물에 비판적인 재생 시도라고 볼지는 검토의 여지가 있다. 어쨌든 이 파격적인 교황의 이름을 이어 '식스투스 6세'를 칭하는 교황은 아직 나오지 않고 있다.

3

다시 바르베리니 광장으로 돌아가보자. 모리 오가이가 옮긴 『즉흥시인』에는 주인공 안토니오가 어릴 적 '맞은편에 있던 첨모종尖帽宗 성당 앞에서 친구 두세 명과 함께 놀곤 했다'(강조점은 인용자)고 쓰여 있다.

1966년 처음 로마에 머물게 된 나는 모리 오가이의 『즉흥시인』을 손에 들고 거리를 걸었다. 그리고 인용문에 강조점을 찍은 '맞은편' 부분을 거듭 읽으며 다시 한 번 '모리 오가이는 로마에 온 적이 없었던 것 같다'고 생각했다. 안토니오 소년이 태어나고 자란 '비아 펠리체의 모퉁이 집'과 '첨모종 성당'의 위치에 대한 설명이 적절치 않다고 느껴졌기 때문이다. 실은 그렇게 느낀 부분이 적지 않았다. 그럼에도 '모리 오가이는 아주 짧게나마 특별한 수단을 이용해 로마 땅을 밟지 않았을까'라는 생각을 아직 버리지 못하고 있다.

　모리 오가이 연구가에게는 황당무계한 생각으로 비칠 것이다. 유학 오기 전 읽은 모리 오가이와 『즉흥시인』의 문장 중 가장 상세하게 쓰인 것은 시마다 긴지島田謹二의 『근대비교문학』(코분샤, 1956년)에 수록된 논고였다. 그 후에 발표된 연구가들의 작업도 꾸준히 살펴보았지만 시마다 긴지를 능가하는 문장은 아직 찾지 못했다. 최소한 이탈리아어에 관한 부분은 오하타의 역서와 그 밖의 『즉흥시인』의 주석과 해설문까지 포함해 가장 뛰어나다고 할 수 있다.

　간략히 말해, 시마다 긴지는 이렇게 단정한다. '(모리 오가이는) 결국 그 땅(이탈리아)을 밟지 못했다. 이탈리아어에 관한 지식도 매우 빈약하다. 이탈리아어는 물론 로마의 지리와 풍속에 대해서도 잘 몰랐던 그는 『즉흥시인』속 여러 곳에서 실수를 저질렀다.' 합당한 지적이다. 하지만 내 마음은 한층 복잡해졌다.

표현을 달리하자면, 모리 오가이가 저지른 '실수'는 오히려 많지 않다. 물론 완벽하다고는 할 수 없지만 어떻게 그렇게 적확한 묘사와 번역이 가능했을까. 어쩌면 이탈리아어를 이해하고 로마의 지리와 풍속에 밝은 누군가의 도움을 받았던 것이 아닐까. 그렇다면 어디서, 누구에게?

모리 오가이가 독일 유학 중 쓴 『독일일기独逸日記』에는 1886년 7월 15일부터 같은 해 9월 12일에 걸쳐 이탈리아에 대한 지식을 얻고자 하는 그의 심정이 쓰여 있다. 시마다의 논문에서는 이 시기의 중요성을 모리 오가이가 『즉흥시인』을 애독하도록 된 일과 함께 지적하고 있다. 자세히 설명하기에는 지면이 부족하지만, 나는 모리 오가이의 행동에 대해 다르게 추정한다.

모리 오가이가 독일에서 유학한 것은 1884년 10월부터 1888년 7월에 걸친 시기였다. 그리고 『즉흥시인』의 번역은 1892년 9월에 시작해 청일전쟁으로 3년간 중단된 후 1901년 1월에 끝마쳤다. 결론부터 말하면 모리 오가이에게 이탈리아어와 로마에 대한 지식을 제공하고 『즉흥시인』의 번역을 도운 것은 일본에 머물던 이탈리아인이 아니었을까. 나는 그가 알폰소 가스코Alfonso Gasco였을 것이라고 생각한다.

일본어에 통달한 외교관 알폰소 가스코에 대해서는 전쟁 이전과 전쟁 중 기록된 내용이 대부분이다. 대개 단편적인 일화인 데다 정확한 시기조차 불분명하다. 그런 내용들을 대강 정리하면 다음과 같다.

알폰소 가스코는 1867년 로마에서 태어났다. 메이지 시대(1868~1912년) 초기에 부친(주일 이탈리아 공사관의 서기관이었던 듯하다)을 따라 어릴 때 일본에 왔다. 몇 년간, 도쿄 아카사카의 다메이케소학교에 다녔다고 한다. 저학년 무렵이었을 것이다. 중등교육은 로마로 돌아가 받았다고 하며 로마대학교를 다녔다고도 한다.

다시 일본에 온 시기는 분명치 않지만 1895년 '통역관'으로 기록된 문서가 남아 있다. 20대 후반에 일본에 온 것은 분명하다. 어쨌든 메이지 30, 40년대(1897~1907년) 주일

이탈리아 공사관의 '일등 통역관'으로 이름을 알린다. 메이지 말기에는 3년간 요코하마 영사대리를 지냈으며 만년에는 오랫동안 고베 총영사로 재직했다. 그리고 1936년 고베에서 세상을 떠났다.

가스코의 몰년을 잘못 기록한 자료가 많기 때문에 덧붙인다. 1936년 7월 21일 도쿄 아사히신문의 기사 '알폰소 가스코 씨 서거'에 따르면 '40년간 일본에 주재한 이탈리아 고베 총영사 알폰소 가스코 씨가 올봄 신장염에 의한 요독증으로 요양 중 19일 오후 3시 10분 향년 70세의 나이로 세상을 떠났다'고 한다.

또 무토 도시오武藤智雄는 '일본 문화와 이탈리아의 협력'이라는 기고에서 가스코에 대해 다음과 같이 썼다. '지난봄 고베에서 타계한 알폰소 가스코 영사에 대한 회고로 이 글을 마치고자 한다. 45년여를 일본에 머물며 일본의 친구로 생애를 마친 그는 일본과 이탈리아 양국의 문화 교류에 힘썼다. 그는 일본을 단 한 번도 방문한 적 없는 푸치니에게 일본 민요의 악보를 대량으로 보내 동양적 판타지를 심어주었다며 자랑삼아 이야기하곤 했다.' (〈주오코론中央公論〉 1938년 5월호)

푸치니와 오페라 〈나비부인〉의 일화처럼 모리 오가이와 그가 번역한 소설 『즉흥시인』도 일본에 살았던 누군가의 도움이 있었던 것이 아닐까. 하지만 모리 오가이의 일기에 가스코의 이름이 등장하는 것은 유학 시절이 아닌 훨씬 후의 일이었다. 그의 일기에는 1909년 10월 9일 '이탈리아 공사관에서 알폰소 가스코를 만났다'고 쓰여 있다. 무슨 일로 만났는지는 알 길이 없다.

당시는 이미 문예지 〈스바루すばる〉에 〈무쿠도리 통신椋鳥通信〉이라는 모리 오가이의 이른바 '세계 뉴스' 연재가 시작된 후였다. 3월 12일 기사에는 마리네티의 미래파 선언과 동향이 자세히 소개되기도 했다. 또 1913년 9월 15일 일기에는 다음과 같은 내용이 쓰여 있다.

'(전략) 하야마에 갔다. 즈시역에서 내려 자동차를 빌려 타고 황실 별장까지 갔다. 거기서부터는 걸어서 수원지로 갔다. 다시 별장에 들러 도시락을 먹고 인력거를 불러 즈시로 가 기차를 타고 돌아왔다. (중략) 기차 안에서 가스코와 이야기를 나누었다.'

당시 모리 오가이는 하야마 수로를 조사하기 위해 황실 별장에 갔다. 그 조사에 가스코가 관여했는지는 알 수 없다. 기차 안에서 우연히 만났을 수도 있다. 그로부터 한 달 후인 10월 16일의 일기에는 다음과 같이 쓰여 있다.

'쾌청. 알폰소 가르소가 콜로디의 『피노키오Le Avventure di Pinocchio』 번역을 요청했다. 번역을 마친 『인형의 집Et Dukkehjem』을 가미야마 소진上山草人에게 넘겼다. 5일에 시작해 12일에 완성.'

여기서 주목해야 할 두 가지가 있다. 하나는 가스코가 모리 오가이가 콜로디의 『피노키오』를 번역할 이탈리아어 능력이 있다고 판단했다는 것이다. 다른 하나는 가스코가 이 명작 동화를 모리 오가이에게 일본어로 번역해달라고 부탁한 것은 이탈리아인인 그가 생각하기에 안데르센의 『즉흥시인』이 일종의 '어른을 위한 동화'라고 생각했기 때문이 아닐까.

시대를 조금 거슬러 올라가, 메이지 초기에는 도쿄의 고등상업학교와 제국대학에서 매주 3시간 혹은 2시간씩 선택 과목으로 이탈리아어를 배울 수 있었다. 당시의 교사는 이탈리아인 에밀리오 빈다Emilio Binda였다. 그는 이탈리아어 외에도 독일어와 스페인어 수업을 담당했다. 모리 오가이와 인연이 있었는지 여부는 밝혀진 바 없다.

일본의 본격적인 이탈리아어 교육기관은 도쿄외국어학교였다. 1898년 9월 - 당시에는 가을에 신학기가 시작되었다 - 고등상업학교 부설 외국어 학교가 창립했다.

창립 연도에 관한 기록은 내가 조사한 바로는 영문으로만 남아 있다. 교장은 간다 나이부神田乃武, 일본인 교수 7명, 외국인 교사 8명, 강사 4명, 조교수 3명. 외국어학과는 영어, 프랑스어, 독일어, 러시아어, 스페인어, 중국어, 한국어였다. 1899~1900년도부터 이탈리아어학과가 추가되고 영어와 일본어로 기록한 '학교 일람'도 만들어졌다. 교명도 도쿄외국어학교Tokyo School of Foreign Languages로 바뀌었다.

알폰소 가스코가 이탈리아어학과 초대 교사로 영입되었다. 일본인 강사로는 이토 헤이조伊藤平蔵와 요시다 히데오吉田秀男가 있었다. 당시의 강사는 비상근 강사였다. 다음 1900~1901년도에는 이토 헤이조가 교수를 맡고 외국어 교사 알폰소 가스코, 강사는 요시다 히데오가 담당했다.

요컨대 가스코는 도쿄외국어학교에 이탈리아어학과를 설립하기 위해 2년간 주일 이탈리아 공사관에서 출강했을 것이다. 모리 오가이가 『즉흥시인』의 번역을 마친 때였다.

포폴로 광장. 아래쪽에 보이는 성문이 오랜 세월 '영원의 도시' 로마로 들어오는 여행자들을 맞았다.

Ⅶ 달빛 비치는 미로를 헤매며 █

교회국가의 도시에서 통일 이탈리아 왕국의 수도로의
전환
그리고 파괴와 근대화가 시작되었다.
동시대 국민 국가를 형성해나가던
일본의 유학생 아리시마 이쿠마.
밤의 캄포 마르치오 거리와 광장을 헤매다 보면
흘러간 시대가 각양각색으로 되살아난다.

1

내가 『즉흥시인』에 그려진 로마를 자세히 조사하기 시
작한 것은 1980년대부터였다. 안데르센이 처음 로마에 살
았던 때부터 거의 한 세기 반이 흐른 뒤였다. 그사이 '영
원의 도시'는 크게 바뀌었다. 먼저, 안데르센이 보았던 것
과 보지 못했던 것을 나누는 데서부터 시작했다. 조사하
는 동안 나는 시스티나 거리의 작은 호텔에 자주 묵었다.
안데르센이 살았던 집과 무척 가까웠기 때문이다. 스페인
계단 위의 오벨리스크와 산타 마리아 마조레 성당 뒤편의
오벨리스크를 직선으로 잇는 옛 펠리체 도로는 오늘날 시

안데르센이 살았던 건물. 시스티나 거리 쪽 벽면에 그 표지가 있었다.

스티나 거리라는 이름이 교황 식스투스의 거리를 의미한다는 것조차 알지 못하는 관광객들로 북적인다.

안데르센이 『즉흥시인』의 집필을 시작했던 집은 그야말로 길모퉁이에 세워진 것처럼 보인다. 하지만 고대 로마에는 소금을 운반하던 살라리아 구 가도(지금의 포르타 핀치아나 거리, 크리스피 거리, 카포 레 카세 거리)와 근세 초기 순례길로 개척된 펠리체 도로가 교차하는 지점에 위치해 있었다(164쪽 가로도 참조).

풍속화가 피넬리가 그린 '해골사원' 앞 광장.

안데르센이 머물던 무렵 바르베리니 광장이 로마 시내
의 동북쪽 끝에 있었던 것과 트리토네 분수 주변의 선상
지가 바르베리니 가문의 영지였던 것도 앞서 말한 대로이
다. 정원과 과수원의 풍부한 녹지를 소유한 빌라 바르베
리니의 개발에는 바르베리니가가 직접 나섰다. 먼저, 마
페오 바르베리니가 교황 우르바누스 8세에 오르면서 웅장
하고 아름다운 궁전을 지었다. 그의 동생 안토니오 바르
베리니 추기경은 광장 안쪽에 자신이 속한 카푸친파의 수
도원을 세웠다. 그 수도원에 딸린 성당이 통칭 '해골사원'
이다.

안데르센이 머물던 때는 베네토 거리가 생기기 이전이

었다. '해골사원' 앞의 막다른 길에는 너른 광장이 있었다. 즉흥시인 조아키노 벨리가 살았던 당시의 모습을 로마의 풍속화가 아킬레 피넬리Achille Pinelli가 생생히 묘사했다.

그림 오른쪽에는 완만한 계단이 이어진 성당 입구가 그려져 있고, 정면에는 시계탑의 종루가 우뚝 솟아 있다. 이 계단과 종루를 허물고 성당 바로 앞까지 지금의 베네토 거리가 들어섰다.

안데르센이 반년도 안 되는 짧은 체류기간 동안 트레비 분수 뒤쪽 폴리 궁전에 살던 즉흥시인 벨리의 명성을 들었을지는 확실하지 않다. 아마 벨리의 내력에 대해서는 거의 몰랐을 것이다. 하지만 벨리가 어릴 때 페스트로 아버지를 잃고, 16세 때에는 어머니마저 세상을 떠난 후 형제자매들과도 헤어져 고아나 다름없이 카푸친파 수도원에 맡겨졌다는 소문은 세상에 널리 퍼져 있었을 것이다. 즉흥시인 벨리는 『즉흥시인』의 주인공 안토니오를 떠오르게 한다. 나의 지나친 감상일까.

어쨌든 모리 오가이는 이 수도원에 딸린 성당을 '첨모종 尖帽宗 성당'이라고 옮겼는데, 뾰족한 모자를 뜻하는 이 '첨모'는 카푸초cappuccio(모자 또는 두건)를 옮긴 말일 것이다.

모리 오가이는 뾰족한 모자(두건)를 카푸친파의 상징이라고 여긴 듯하다. 하지만 삼각형 두건보다 특징적인 것은 이 수도회 수도사들이 입는 짙은 갈색 의복이다. 이탈리아인들이 즐겨 마시는 커피 음료 카푸치노cappuccino도 이 짙은 갈색과 비슷해 붙은 이름이다. 여담이지만 카푸치노의 기본은 일본의 말차와 같이 거품을 내는 것이다. 에스프레소 커피에 거품을 낸 우유를 넣은 음료가 카푸치노이다. 거품을 내지 않은 것은 카페라테라고 부르며, 프랑스에서는 카페오레라고 한다.

모리 오가이가 옮긴 『즉흥시인』은 메이지, 다이쇼, 쇼와 시대에 걸쳐 널리 애독되며 문학 전공자들 외에도 많은 분야에 영향을 미쳤다. 경제학자이자 훗날 게이오의숙대학의 학장이 된 고이즈미 신조小泉信三(1888~1966년)도 그중 한 사람이다. 그의 저서 『독서잡기読書雑記』에는 다음과 같은 내용이 쓰여 있다.

'모리 오가이의 작품 중 첫 번째로 꼽는 것은 역시 『즉흥시인』이다. 청년 시절에 우연히 『즉흥시인』을 읽게 된 것은 행운이었다. 청년 시절『즉흥시인』을 모르고 지나쳤다면 크게 손해를 본 것이라고 말하고 싶을 정도이다. 많은 독자들처럼 나도 책 속의 몇몇 구절을 외울 만큼 읽고 또 읽었다. 이탈리아 여행에 그 책을 가져간 것도 여느 독자들과 다르지 않았다. (중략) 로마는 한밤에는 분수의 물이 솟구치는 소리가 곳곳에서 들려올 만큼 물이 풍부한 도시이다. 즉흥시인이 태어난 집 앞에 있는 바르베리니 광장에도 책에 나온 그대로 '소라고둥을 든 트리토네의 조각상으로 장식된 아름다운 분수'가 있다. 어린아이 같은 이야기이지만, 로마에 머무는 동안 소설에 등장하는 유적을 하나하나 찾아다녔다. 콜로세움, 산 피에트로 성당, 바티카노 궁전과 같은 명소는 말할 것도 없고 코르소 거리, 포폴로 광장, 광장 북쪽의 포폴로 성문, 시 외곽의 몬테 핀초 언덕, 주인공 안토니오가 자란 보르게세 저택이 있던 거리 등 모두 작품에 나온 곳이다. 딱 한 군데 가보지 못한 곳이 코르소 거리 남단에 있었다는 알리베르 극장이다. 주인공 안토니오가 디도(가극 <디도와 에네아스>의 여주인공)로 분한 여배우 아눈차타를 만나 인생의 전기를 맞게 되는 중요한 장소이지만 이제는 흔적조차 찾을 수 없었다.'

고이즈미 신조가 처음 로마를 방문한 것은 1915년 가을이었다고 한다. 그가 『즉흥시인』의 알리베르 극장을 찾을 수 없었던 것도 무리는 아니다. 이 극장은 코르소 거리 남단이 아니라 스페인 광장 쪽에 가까운 바부이노 거리에서 핀초 언덕 방향으로 가는 옆길에 있었다. 지금은 알리베르 거리라는 이름만 남아 있다. 이 부근은 클로드 로랭이나 니콜라 푸생이 살던 과거부터 프랑스계 사람들이 많이 살았다. 알리베르도 그중 한 사람이었다.

알리베르 거리는 막다른 길이다. 하지만 바로 앞에서 왼쪽으로 꺾으면 마르구타 거리가 나온다. 그 길모퉁이에 알리베르가 소유의 알리베르 극장이 있었다. 1718년 사육제에 개관해 화제를 모았다고 한다. 1800년대 중반 토를로니아 가문의 소유가 되면서 이전의 목조 건물을 말굽 형태의 훌륭한 극장으로 개조했다. 하지만 1863년 2월 화재로 안타깝게 소실되고 말았다.

안데르센이, 그리고 즉흥시인 벨리가 노래한 19세기 전반의 로마가 크게 변모한 것은 1870년부터이다. 역대 교황 아래에서 르네상스와 바로크를 거치며 오랜 세월 형성

'비할 데 없는 아름다움'이라는 찬사를 받은 빌라 루도비시의 정원 풍경(17세기 팔다의 판화). 그림 오른쪽 녹지로 둘러싸인 언덕 위로 보이는 것이 유일하게 남아 있는 카시노 델라 오로라.

되어온 교회국가의 도시 로마가 통일 이탈리아 왕국에 병합되어 이듬해에는 근대국가 이탈리아의 수도가 되었다.

하지만 교황 측이 병합을 인정하지 않으면서 국가와 교회의 대립은 계속된다. 그사이, 일방적으로 수도 기능을 정비하기 위한 도시계획이 세워졌다. 단, 우리는 어디까지나 성벽 안쪽의 로마에만 한정해 살펴보고자 한다.

앞 장에서 소개한 19세기 중반의 지도(179쪽)를 통해서도 알 수 있듯, 바르베리니 가문의 선상지 위쪽에 남아 있는 광대한 녹지는 빌라 루도비시이다. 수도 로마의 변모 혹은 파괴는 사실상 이곳에서부터 시작되었다. 숲과 가로수 곳곳에 수많은 조각상과 분수를 배치한 정원은 1883년 이곳을 방문한 헨리 제임스가 비할 데 없는 아름다움이라며 찬사를 아끼지 않았을 정도였다. 하지만 불과 2년 후인 1885년 빌라의 분할과 대규모 파괴가 시작되어 다섯 채였던 카시노casino(귀족의 별장과 녹음이 우거진 이궁) 중 네 채가 헐리고 말았다. 젊은 시절의 가브리엘레 단눈치오Gabriele d'Annunzio(1863~1938년)는 '용서할 수 없는 행위'라며 규탄했다.

통일 이탈리아 왕국이 성립했을 때(1861년) 수도는 토리노에서 피렌체로 옮긴 후(1865년) 마지막으로 로마(1871년)로 천도했다. 수도 기능의 이전과 함께 발생한 인구 유입과 - 참고로, 1870년 로마의 인구는 약 22만 명이었으나 1930년에는 약 100만, 1960년에는 200만 명이 넘었다 - '건축 붐'으로 땅값이 상승하면서 당초 도시계획의 일환이었던 동서를 잇는 도로 건설조차 제대로 이루어지지 못했다. 지금도 루도비시 거리와 본콤파니 거리를 걸을 때면 어딘가 어중간한 인상을 지울 수 없다. 격자형으로 구획된 도로는 빌라 루도비시의 정원과 과수원 사이사이의 통로를 그대로 이용했기 때문일 것이다. 이 점은 빌라 몬탈토도 다르지 않다. 테르미니역 주변의 신도시와 마찬가지로 도시계획이라고 설명하기에는 부족한 면이 있다.

다만 비토리오 베네토 거리의 높낮이 차를 이용한 부드러운 곡선 길은 보행자들의 마음을 누그러뜨린다. 하지만 마르게리타 궁전이 거리에서 먼 것은 아쉬운 점이다. 본래는 본콤파니·루도비시가를 위해 세워진 이 궁전도 수도 기능의 정비와 함께 사보이아 가문의 마르게리타 왕비의 저택으로 바뀌었다. 후에 파시즘 정권이 사용하다가 제2차 세계대전 이후에는 미국 대사관이 되었다. 누가 봐도 귀한 대접을 받은 것 같지는 않다.

20세기가 되면서 '영원의 도시' 로마의 모습을 일본인의 눈을 통해 직접 보고 이야기할 수 있게 되었다. 단, 정확한 기록은 많지 않다. 그 인물은 아리시마 이쿠마有島生馬(1882~1974년)였다.

아리시마 다케오有島武郎의 동생이자 사토미 돈里見弴의 형인 아리시마 이쿠마는 작가인 동시에 화가이자 이탈리아 문학자이기도 했다. 본명은 미부마壬生馬. 18세 때 늑막염에 걸린 그는 이듬해 요양을 겸해 부친의 고향인 가고시

아리시마 이쿠마 자화상
(1905년)

마현 센나이시 히라사무라를 방문했다. 그곳에서 일본인 가톨릭 사제와 친분을 맺으면서 이탈리아에 관심을 갖게 되었다고 한다. 그리고 19세가 되면서 도쿄 외국어학교 이탈리아어학과에 들어갔다. 그가 관심을 갖고 있던 것이 문학이었는지 미술이었는지는 확실치 않지만 둘 다였다고 생각해도 무방할 것이다. 이미 학습원 중등과 시절부터 문학에 몰두했다는 그의 애독서 중 하나로 모리 오가이가 옮긴『즉흥시인』이 있었다.

당시 도쿄외국어학교의 이탈리아어학과에서는 격년으로 학생을 모집했다. 아리시마 이쿠마는 제2기 학과생으로 1901년 9월에 입학해 1904년 7월에 졸업했다. 교수는 이토 헤이조, 외국인 교사로는 체사레 노르사Cesare Norsa가 있었다. 졸업과 동시에 서양화를 배우고자 후지시마 다케지藤島武二의 문하생이 되었다. 그리고 이듬해인 1905년 5월 독일의 제너럴론호를 타고 이탈리아 유학길에 올랐다. 약 1개월의 항해 끝에 나폴리 항구에 도착했다. 배에서 내린 것은 아리시마 이쿠마 혼자였다고 한다. 선착장에는 이탈리아인 부자가 마중 나와 있었다. 나폴리동양어학교의 일본어 교수 줄리오 가티노티Giulio Gattinoni와 그의 장남이었다. 도쿄외국어학교의 교수 이토 헤이조가 미리 연락해두었던 것이다. 베네치아의 고등상업학교 일본인 교사에게서 일본어를 배운 가티노티는 1903년부터 나폴리동양어학교의 일본어 교수를 맡고 있었다. 당시의 일본인 교사가 바로 이토 헤이조였다.

아리시마 이쿠마가 나폴리를 출발해 로마역에 내렸을 때 뜻밖에도 오야마 쓰나스케大山網介 공사가 마차를 타고 마중 나와 있었다. 일면식은 없었지만 부친과 동향인 사쓰마번 출신이었기 때문이다. 아리시마 이쿠마는 곧장 공사관으로 안내되었다. 당시 공사관은 마르케 거리에 있었다. 핀치아나 성문과 가까운 베네토 거리와 동쪽으로 나란히 뻗어 있는 거리이다. 아리시마 이쿠마는 1년 반가량 로마에 머물며 세 차례 주거를 옮겼지만 구 빌라 루도비시의 거리를 벗어나지 않았다고 한다.

그래서인지 아리시마 이쿠마의 회상이나 그의 소설에

는 이 거리의 정경이 자주 등장한다. 예컨대 1915년 4월 잡지 〈문장세계文章世界〉에 발표된 단편 〈비둘기 기르는 소녀〉가 그중 하나이다. 이 단편은 이듬해인 1916년 6월 단편집 『남유럽의 나날』에 실려 출간되었다. 〈비둘기 기르는 소녀〉가 풍속을 어지럽힌다는 이유로 발매 금지되면서 〈줄리아의 환상〉이라는 제목으로 바꾸고 내용을 조금 수정해 이듬해 7월 『개정판 남유럽의 나날』로 출간되었다.

'일단 공사관 근처의 말라테아라는 펜션에서 지내며 로마의 윤곽, 고전 예술, 현대 미술의 개관을 공부할 생각이다. 다만 어디서부터 어떻게 접근해야 할지 겁이 나는 것도 사실이다. 하룻강아지 범 무서운 줄 모른다고 동서도 구분하지 못하는 이국 땅 한복판에 와 있는 것이 꿈인가 싶었다(〈나의 추억〉 중)'. 훗날 그는 이렇게 회상했다. 확실한 목표도 없이 로마 땅을 밟은 것이다.

우연히 같은 화가 지망생이었던 마스이 세지로增井淸次郎와 사귀면서 그를 지원하던 후작 부인의 소개로 빌라 메디치의 프랑스 아카데미에 다니게 되었다. 그곳에서 국립 미술학교의 자유교실에 대한 이야기를 듣게 된다. 그리고 교장 카롤루스 뒤랑의 소개로 리페타 거리에 있던 자유교실에도 다니기 시작했다. 여러 나라에서 모인 자유교실의 미술학도들과의 교류를 소재로 몇몇 단편 작품을 쓰기도 했다.

아리시마 이쿠마가 로마에 온 그해 여름 즉, 1905년 7, 8월 무렵 아리시마와 마스이는 교황의 피서지이기도 한 교외 지역 로카 디 파파에서 전혀 다른 분위기의 풍경화를 그렸다고 한다. 그 작품 중 하나가 현재 나가노현 신슈신마치 사이가와댐 호반에 지어진 아리시마 이쿠마 기념관에 걸려 있다. 22세에 그린 작품이지만 화폭을 흐르는 빛과 바람은 역시 범상치 않다. 마침내 세잔을 발견한 그는 아카데미에 등을 돌리고 독자적인 미의 세계를 탐구한다.

그는 회화 면에서는 스스로를 '내면적 우유부단함'의 극치였다고 회상했다. 하지만 이국땅에서 겪은 자신의 체험을 써내려가는 문학 작법은 꾸준히 발전하고 있었다.

로마 유학 생활을 소재로 한 아리시마 이쿠마의 작품 중 특히 흥미로운 것은 단편 〈이에타트리체〉이다. 이야기의 무대는 유학 생활의 단조로운 장소로 설정되어 있다.

즉 '서재와 학교를 오가는' 일상을 보내던 그는 한 조그만 레스토랑에서 점심과 저녁 식사를 해결했다. 스칸디나보라는 가게이다. '이에타트리체iettatrice'의 이야기는 이 레스토랑을 중심으로 주변부에서부터 로마 교외 더 나아가 파리로까지 파급된다.

'이에타트리체'는 '불길한 눈을 가진 여자'라는 뜻이다. 이탈리아 남부에 퍼진 속신 혹은 미신의 일종으로 불운이나 불행을 부르는 시선을 지닌 여자를 의미한다. 내가 주목하고 싶은 것은 이야기의 내용이 아니라 이야기가 펼쳐지는 장소이다.

이름부터 북유럽을 떠올리게 하는 이 레스토랑이 위치한 언덕길(근처에 안데르센, 토르발센, 크리스텐센, 입센 등이 살았다)은 지금의 크리스피 거리에서 카포 레 카세 거리로 꺾어지는 부근에 해당한다. 아리시마 이쿠마가 유학하던 시절에는 테르미니역 방면에서 오는 노면전차가 본콤파니 거리에서 루도비시 거리 그리고 베네토 거리를 가로지르고 빌라 마르타 앞에서 왼쪽으로 꺾어 안데르센이 살던 건물 옆의 비탈길을 내려갔다. '날카로운 쇳소리'를 내며 스칸디나보 레스토랑 앞을 지나 메르체데 거리로 들어선 전차는 종점인 로마 중앙우체국 앞 광장에서 멈춘다.

지금은 노면전차도 버스도 다니지 않는 경로이다. 그럼에도 많은 관광객들이 줄지어 걷는 이 길에는 보로미니가 설계한 독특한 외관과 종루가 좁은 거리 위로 우뚝 솟아 있는 산 안드레아 델

산 안드레아 델레 프라테 성당의 독특한 외관과 종루.

레 프라테 성당이 있다. 또 가까이에 베르니니가 만년을 보낸 저택도 있다.

로마 중앙우체국 앞의 산 실베스트로 광장에는 노면전차가 없어진 후 많은 버스 노선이 집중되어 로마 시내 중심부를 잇는 교통망의 심장 역할을 하고 있다. 그런 의미에서는 아리시마 이쿠마가 살던 시대나 지금이나 마찬가지일 것이다.

2

　20세기 초반 로마의 일본인 유학생이던 청년 아리시마 이쿠마에 대해 긴 시간을 들여 쓴 데는 두 가지 이유가 있다. 첫 번째는 이 젊은 유학생의 단편 작품 등을 통해서도 나타나듯 중세 이후 발달한 로마 중심가를 파악하는 데 절반가량 성공했기 때문이다. 두 번째는 나머지 절반에 관해서는 풀어내지 못했기 때문이다.

　그렇다고 해서 아리시마 이쿠마의 역량이 부족했다는 말은 아니다. 괴테조차 '영원의 도시'에 대해 이렇게 고백하지 않았는가. '로마는 하나의 세계이며, 그 세계에 정통하려면 수년이 걸릴 것이다. 대강 둘러보고 떠나는 여행자들이 오히려 부러울 정도이다'(『이탈리아 기행』 중, 1786년 12월 13일).

　고대 로마는 앞서 말했듯이 일곱 언덕을 중심으로 형성되었다. 하지만 야만족의 침입으로 수로가 끊기면서 시민들은 물을 찾아 테베레강 연안의 저지대로 이주할 수밖에 없었다. 참고로, 기원전·후 아우구스투스 시대 로마의 인구는 100만 명을 웃돌았지만 8세기 말에는 약 6만 명, 서기 1000년에는 약 3만5,000명까지 감소했다. 중세 이후 발달한 로마 중심가는 북쪽 성문 안쪽의 포폴로 광장부터 남쪽의 베네치아 광장을 잇는 1.5km의 직선대로인 코르소 거리를 축으로 좌우로 펼쳐진다.

우리는 지금까지 안데르센과 아리시마 이쿠마의 발자취를 따라 바르베리니 광장, 트레비 분수, 스페인 광장, 마르구타 거리, 산 실베스트로 광장 등 코르소 거리 동쪽에 펼쳐진 거리를 주로 살펴보았다. 이것은 로마 중심가를 파악하기 위한 정통적인 순서이다. 어디까지나 절반의 범위를 파악하는 데 그칠 뿐이지만 말이다.

운 좋게 파리올리 지구의 고급주택가에서 하숙하며 대학을 다니던 때, 중세 이후 발달한 로마 중심가의 동쪽 절반을 대강 파악하는 데 반년이 걸렸다. 내가 탐색한 경로는 두 가지였다. 하나는 걸어서 보르게세 정원을 가로질러 핀초 언덕까지 가서 거리로 내려가는 길이다. 다른 하나는 버스를 타고 과거의 빌라 루도비시 지구를 통과해 바르베리니 광장을 거쳐 트리토네 거리에서 중앙우체국 앞의 산 실베스트로 광장까지 가는 경로였다.

북쪽 성문에서 시작해서 먼저 들러보고 싶은 곳은 산타 마리아 델 포폴로 성당이다. 르네상스를 대표하는 건축물

콜론나 궁전의 옥상 정원(버지).

로, 미술관 이상으로 훌륭한 예술 작품이 장식되어 있는
보고寶庫이자 시민의 신앙과 생활이 이루어지는 곳. 이런
사실과 실태를 알기 위해서는 반년도 부족하다. 처음에
는 작은 신전이었다. 대중 또는 민중을 뜻하는 포폴로Po-
polo(Populus, 라틴어로는 포폴루스)에서 유래되었다는 등의 몇
가지 기원이 전해진다. 1099년 교황 파스칼리스 2세가 '로
마 시민'의 출자금으로 세웠다는 것으로 보아 같은 해 7월
제1차 십자군에 의한 예루살렘 해방과 관계가 있는 것은
분명하다.

　포폴로 광장의 방사형 도로 입구에는 쌍둥이 성당이 있
다. 그 사이로 뻗어 있는 코르소 거리와 좌우로 늘어선 궁

전과 성당. 예컨대 괴테가『이탈리아 기행』을 썼던 건물과 맞은편의 산세베리노(구 론다니니) 궁전…과 같이 건축물 하나하나의 역사와 내력을 조사하며 걷다 보면 코르소 거리 남단의 시아라 궁전과 오데스칼키 궁전에 닿기까지 상당한 시간이 걸릴 것이다.

모든 건축물에 대해 알아보는 것은 생략하더라도 코르소 거리 중간에 우뚝 솟아 있는 고대 로마의 기념비와 광장은 천천히 둘러보길 바란다. 그리고 코르소 거리 남단에 있는 도리아 팜필리 궁전과 콜론나 궁전에 들러보자. 두 궁전의 훌륭한 미술관뿐 아니라 궁전의 구조도 눈여겨보았으면 한다. 시인 페트라르카와도 인연이 깊은 콜론나가의 궁전은 아치로 연결된 동쪽 가로의 옥상 정원이 퀴리날레 언덕까지 이어지는 경관이 특히 인상적이다.

또 포폴로 광장 동쪽의 방사형 도로 바부이노 거리를 내려가면 로마에서 보기 드문 건축양식의 영국 국교회가 있다. 근처에는 영어로 된 문헌만 취급하는 서점도 있다. 다음 구획에는 그리스 정교회의 산 아타나시오 교회가 있으며, 거리 이름이 되기도 한 바부이노의 괴이한 석상과 분수가 있다. 또 스페인 계단 옆에는 드물게 영어가 통하는

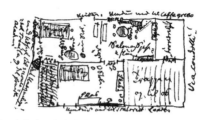

안데르센이 머물던 당시 카페 그레코 위층의 스케치(1861년).

직원들이 있는 티룸도 있고, 유명한 키츠와 셸리의 기념관
도 있다.

로마에는 유서 깊은 카페가 많다. 문학 관계자들이 즐
겨 찾던 포폴로 광장의 쌍둥이 성당 좌우에 있는 카페 로
사티와 카노바, 코르소 거리 중간에 위치한 카페 알레마냐
(과거에는 알라뇨), 콘도티 거리에 있는 카페 그레코 등이 특
히 유명하다.

안데르센은 『즉흥시인』을 발표한 후에도 짧은 기간 로
마를 방문한 일이 있다. 이를테면 1861년 5월 카페 그레
코 위층에 방을 얻어 머물던 때 방의 구조 등을 그린 그의
편지가 남아 있다.

언젠가 카페 여주인의 안내로 내부를 둘러본 일이 있었

다. 카페 안쪽과 위층에 있는 몇 개의 아름다운 별실에는 문인과 예술가들과 관련된 물건도 장식되어 있었다. 미술 평론가이기도 했던 디에고 안젤리Diego Angeli의 『카페 그레코 연대기』(초판 1930년)가 1987년 복간되었다. 거기에는 1935년의 저자의 자

비평가 디에고 안젤리
(아리시마 이쿠마, 1936년)

화상과 1936년 아리시마 이쿠마가 그린 스케치 등이 실려 있다.

비평가 디에고 안젤리는 20세기 초 코르소 거리의 카페 알라뇨를 거점으로 저널리즘계에 군림했다. 특히 이탈리아의 '황혼파' 시인 고차노의 가치를 그의 첫 시집 〈은신처로 가는 길La via del rifugio〉(1907년)에서 발견해낸 것으로 유명하다. 유학생 아리시마 이쿠마와는 그때부터 알고 지낸 사이였을 것이다.

세월이 흘러 1936년 남미 아르헨티나에서 개최된 제14회 국제 펜대회에 시마자키 도손島崎藤村(회장)과 아리시마

이쿠마(부회장)가 일본 펜클럽 대표로 참석했다. 그들이 대회를 마치고 돌아올 때는 북미를 거쳐 나폴리 항구에서 로마로 들어갔다. 오랜 벗 안젤리의 옆모습을 스케치한 것은 그때였을 것이다. 또 앞서 소개한 '안데르센이 살았던 건물'의 스케치는 안젤리의 저서 『로만파의 로마』(1937년)에서 인용했다.

카페 그레코에는 잊을 수 없는 추억이 있다. 가난한 유학생이었던 내게는 부르주아적 취향이 농후한 살롱의 분위기가 어쩐지 낯설었다. 어느 날 진홍색 벨벳 의자 한구석에 어색하게 앉아 있는데 날카로운 안광을 지닌 한 노인이 지나갔다. 카페의 단골인 화가 조르조 데 키리코Giorgio De Chirico였다. 그가 지나가자 긴장된 공기가 일순 누그러졌다.

어느 늦은 밤, 친구들과 카페를 나와 걷던 나는 초승달이 뜬 절호의 순간을 놓치기 싫어 스페인 광장에 멈춰 섰다. 언덕 위 성당의 쌍둥이 탑 사이로, 우뚝 솟은 오벨리스크의 뾰족한 꼭대기에 가느다란 초승달이 걸려 있었다.

저 길이 열리겠지
포석이 노래를 부르겠지
가슴은 뛰고 벅차오르겠지
마치 분수의 물처럼….

카를로가 나직이 읊었다. 체사레 파베세Cesare Pa-
vese(1908~1950년)의 마지막 시집 속 '나는 스페인 광장을 지
나가리라'는 제목의 시의 한 구절이었다.

스페인 광장이라는 이름의 유래가 된 스페인 궁전 너머
로는 보면 볼수록 기발한 보로미니 만년의 건축물 프로파
간다 피데 궁전(예수회 포교본부)과 앞에서도 소개한 산 안드
레아 델레 프라테 성당이 있다. 대부분의 뛰어난 건축물
설계에 관여한 대예술가 베르니니의 존재감이 새삼 크게
느껴진다.

스탕달Stendhal(1783~1842년)은 이런 건축물들이 내려다
보이는 로마 중심가의 전망 좋은 집에서 『로마 산책Prome-
nades dans Rome』을 쓰기 시작했다.

트리니타 데이 몬티 성당과 오벨리스크 그리고 스페인 계단. 위쪽으로 뻗은 시스티나 거리와 오른쪽 대각선 위로 뻗어 있는 그레고리아나 거리 사이에 있는 주카리 궁.

'1827년 8월 3일 로마. '영원의 도시'를 방문한 것은 이번이 여섯 번째이지만 새삼 깊은 감동을 느꼈다. 예부터 로마는 수많은 이들의 가슴을 요동치게 만들었지만 이 글을 쓰는 동안에도 어쩐지 멋쩍은 기분이 든다.'

그날 스탕달이 묵었던 곳은 스페인 계단을 올라 오른편으로 가면 나오는 주카리 궁이었을 것이다. '그레고리아나 거리에 있는, 과거 살바토르 로사가 살았던 저택이다. 내가 글을 쓰는 방에서는 로마의 4분의 3이 보인다. 또 정면으로 보이는 거리 너머에는 산 피에트로 대성당의 둥근 지붕이 우뚝 솟아 있다'고 썼기 때문이다.

스탕달은 괴테와 대조적인 기질을 지닌 문인이다. 괴테의 문장에는 성실함이 느껴진다. 괴테의 기술은 사실 그대로라고 생각해도 무방하다. 한편 스탕달의 일기 속에서 전개되는 주장과 서술은 충분히 설득력이 있고 동의할 수도 있지만 그 기술이 반드시 사실과 일치하지는 않는다.

예컨대 방금 인용한 『로마 산책』의 몇 구절을 다시 한번 살펴보자. 그는 '영원의 도시를 방문한 것은 이번이 여섯 번째이지만'이라고 썼다. 하지만 스탕달의 전기를 대강 들춰보기만 해도 그것이 사실이 아니라는 것을 알 수 있다. 그뿐일까? '1827년 8월 3일' 스탕달은 로마에 없었다. 그는 허풍꾼이었을까? 성실함을 중시하는 독자라면 어떻게 그런 사람이 쓴 로마 안내서를 믿을 수 있는지 물을지도 모른다.

하지만 나는 스탕달이 로마를 성실히 사랑한 나머지 그런 기술의 형태를 취한 것이라고 변호하고 싶다. 또 스탕달이 머물렀던 주카리 궁을 '살바토르 로사가 살았던 저택'이라고 기술한 것도 사실이 아니다. 상당히 와전된 이야기인 듯하다. 스탕달이 그 사실을 알았던 건지 여부는 지금으로서는 알 길이 없다. 아무래도 상관없는 일이라고 하면 지나친 비호일까.

내게 중요한 것은 그레고리아나 거리와 시스티나 거리 중간에 있는 창밖으로 로마 중심가의 4분의 3이 내다보이는 그런 저택에 머물 수 있다면 얼마나 멋진 일일지 상상하는 것이다. 안데르센이 『즉흥시인』에서도 자주 언급했을 만큼 경애했던 살바토르 로사. 그런 화가가 머물렀을 법한 저택이 아닌가.

로사가 그린 풍속화와 같은 풍경화는 로마 시내의 주요 미술관에 전시되어 있다. 카피톨리노, 보르게세, 도리아 팜필리, 콜론나 미술관에도 있다. 다만 명작과 명품이 넘치는 로마에서는 무심코 지나치기 쉬운 작품일 것이다.

주카리 궁에 얽힌 이야기는 그 밖에도 많다. 19세기 말부터 20세기 전반에 걸쳐 널리 애독된 단눈치오의 소설 『쾌락Il Piacere』과 『지오반니 에피스코포Giovanni Episcopo』의 무대이기도 했다.

그래도 스탕달의 『로마 산책』의 첫머리는 로사의 그림이나 단눈치오의 소설 혹은 '영원의 도시'를 그린 다른 어

떤 작품보다 매력적인 기점을 선보였다. 로마의 4분의 3
이 내다보이는 창. 정면의 서쪽 지평선에는 산 피에트로
대성당의 둥근 지붕이 우뚝 솟아 있고 그 위에 걸린 저녁
놀이 서서히 가라앉는다. 어느덧 거리는 깊은 어둠에 잠
긴다. 스탕달의 상상력은 한낮의 햇빛 아래에서 바라본
로마의 풍경을 시공을 초월해 행간에 담아냈다.

『이탈리아 기행』에서도 자주 인용되었던, 괴테가 로마
를 떠나기 전날 밤 코르소 거리 끝의 캄피돌리오 언덕을
오르는 장면이 있다. 괴테는 언덕 너머의 포로 로마노를
거닐며 보름달이 비추는 콜로세움을 바라보았다고 한다.
그리고 그는 '숭고한 대원형극장의 유적에 다가가 철책 너
머로 폐쇄된 내부를 들여다보았을 때 나도 모르게 전율이
일어 급히 집으로 돌아갔다'고 썼다.
　그런 괴테의 서술을 인용하듯 안데르센은 『즉흥시인』
속에서 캄피돌리오 언덕을 비추는 달빛 아래 주인공 소년
안토니오가 한밤의 콜로세움 안으로 들어가는 장면을 그
렸다. 안데르센이 살던 시대에 밤늦게 로마 거리를 돌아
다니는 사람은 걸인이나 도적뿐이었을 것이다. 주인공 안

토니오 소년도 겁을 먹었다. 하지만 내가 유학하던 1966,
67년에는 밤에도 걸인이나 도적은 볼 수 없었다. 간혹 마
주치는 것은 자전거를 타고 야간 순찰을 도는 경비원뿐이
었다. 잠시나마 평안한 시절이었다. 로마에 사는 지인들
말로는 1970년대에 들어서면서 밤 산책은 거의 불가능해
졌다고 했다.

1966년 초가을 무렵, 나는 우연히 밤의 로마를 발견했
다. 어느 날 밤, 나는 신문 한구석에 조그맣게 실린 카를
로 에밀리오 가다Carlo Emilio Gadda의 연극이 상연된다는
기사를 보고 이내 극장으로 향했다. 보통 이탈리아에서는
연극과 영화 모두 저녁식사 후에 시작된다. 밤 8시나 9시
에 시작해 일러야 밤 11시 이후에 끝나기 때문에 대개 밤
늦게 집에 돌아오게 된다. 1960년대 이탈리아에서 성행한
전위예술운동은 시와 소설 그리고 연극 분야에까지 다양
한 시도를 이어갔다. 다만 전통적인 대극장이 아닌 소극
장보다도 규모가 작은 실험극장에서 상연되는 경우가 많
았다.

그날 밤의 극장도 간신히 찾았다. 폐가나 다를 바 없는
극장은 지금은 아무도 찾지 않는 오래된 성당이나 허물다

만 건물의 지하실과 같은 곳이었다. 작은 무대에는 막이 없었다. 알전구가 꺼지면 어둠의 막이 내려가는 식이었다. 하지만 긴 의자를 가득 채운 관객석에는 열기가 넘쳤다.

성벽 바깥의 파리올리 지구에 살다 보니 차가 없으면 오페라는 물론이고 연극도 마티네Matinée(주간 공연)를 볼 수밖에 없었다. 그런 점에서는 불편한 지역이다. 나는 여름을 맞아 - 이탈리아의 도시 주민은 보통 여름에는 교외에서 피서를 즐긴다 - 하숙집을 나와 포폴로 광장 근처에 사는 지인에게 짐을 맡기고 일시적인 주소 불명 상태가 되었다.

그래서 그날 밤은 포폴로 광장 서쪽의 방사형 도로 리페타 거리를 통해 어두컴컴한 아우구스투스의 영묘 옆을 지나 옛 리페타 항구(지금은 카불 다리) 근처까지 갔다. 그리고 '쳄발로'라고 불리는 보르게세 궁전을 지나 스크로파 거리로 들어간 지점에서 다시 옆길로 들어갔다.

정확한 경로는 연극을 보는 사이 잊어버렸다. 연극이 끝나고 달빛이 비추는 거리로 나온 나는 길을 잃고 말았다. 늦은 밤 인적이 끊긴 거리를 미로처럼 헤매다 겨우 낮

익은 건물을 발견했다.

알템프스 궁전Palazzo Altemps이 분명했다. 바로 옆에 있는 산타 폴리나레 성당을 보자 비로소 마음이 놓였다. 이제 눈앞에 보이는 완구점 옆길을 통과하면 나보나 광장이 나올 것이다. 어둠에 싸인 알템프스 궁전을 돌아보았다. 프랑스어처럼 알템프 궁전이라고 부르는 사람도 있지만 정확히는 독일어를 이탈리아어식으로 알트 엠프스를 이어서 발음한다. 이 궁전에 살았던 갈레세 후작의 딸 마리아 아르두앙과 결혼한 것이 단눈치오이다. 그녀의 어머니인 후작 부인이 아리시마 이쿠마의 장편소설 『박쥐와 같이』(1913년)의 주인공 마스이 세지로를 후원했다.

창백한 달빛에 휩싸인 나보나 광장은 한낮과 전혀 다른 모습이었다. 왜 그렇게 다를까? 그 차이를 이해하기까지 그 후로도 수차례 달밤의 산책을 계속했다. 그것은 바로크 정신의 발견과도 이어져 있다.

　　나보나 광장에 해가 저물면
　　고요를 찾아, 벤치에 누웠다
　　눈으로는 별과 별을 잇는

구불구불한 나선을 그리던
소년 시절의 밤하늘
플라타니 강변에 드러누워
어둠 속에서 기도를 올렸다.

양팔을 베개 삼아 베고
귀향의 날들을 떠올렸다….

　나는 인적이 끊긴 광장의 석조 벤치에 누워 하늘을 보았
다. 시칠리아섬 출신으로 노벨문학상을 수상한 시인 살바
토레 콰시모도Salvatore Quasimodo(1901~1968년)의 시집 『귀
향』이 떠올랐기 때문이다.

현대까지 남아 있는 고대 건축물 판테온(만신전). 로마 산책의 원점이 되어주
었다.

Ⅷ 파괴된 르네상스의 거리

30년 전 나는 '베키아 로마'에 살았다.
정원 쪽으로 난 내 방 창문으로는
산 이보 성당의 새하얀 나선 첨탑이 보였다.
판테온, 나보나 광장, 꽃의 광장까지
걸어서 3분이 채 걸리지 않았다.
마침내 르네상스와 바로크의 아름다운 거리를
파괴한 것의 정체를 깨달았다.

1

20세기 말의 10년간 일본에는 이탈리아 붐이 일었다. 근대화가 시작된 메이지 시대(1868~1912년) 이래 일본인들은 처음으로 이천수백 년 유럽의 역사와 문화의 중심에 이탈리아가 있다는 것을 알게 된 듯했다.

불과 10년 전만 해도 리소토나 라자냐 혹은 폴렌타가 어떤 음식인지조차 일일이 설명해야 했다. 지금은 파스타나 젤라토의 종류까지 모르는 사람이 거의 없을 정도이다. 마찬가지로, 일본인 축구 선수의 활약 덕분에 페루자 Perugia라는 지명도 바르게 표기되었다. 더는 페루지아라고 쓰는 스포츠 신문은 없을 것이다.

권위 있는 대형 출판사의 세계 지도(1990년 판까지)에도 여전히 페루지아로 표기된 경우가 있으며 아드리아해 연안의 도시를 앙코나Ancona, 페스칼라Pescara, 발리Bari…로 표기하기도 했다. 1992년 판 『세계 전지도世界全地図』(고단샤 타임즈)에서는 안코나, 페스카라, 바리로 수정했다. 최근에는 피렌체Firenze를 영어식으로 플로렌스Florence라고 쓰거나 베네치아Venezia를 베니스Venice라고 말하는 사람이 많이 줄었다.

20세기 말 일본의 이탈리아 붐으로 로마에 대한 수많은 서적과 잡지가 출간되었다. 이런 서적에는 다수의 사진도 실려 있었다. 그중에서도 풍부한 컬러 사진을 수록한 『도시 로마』(이와나미쇼텐, 1998년)는 내게 다른 어떤 서적과도 비교할 수 없는 소중한 한 권이다.

고대사의 대가 피에르 그리말Pierre Grimal의 문장(아오야기 마사노리·노나카 나쓰미 공역)은 충분히 매력적이다. 하지만 나를 사로잡은 더 큰 매력은 폴코 퀼리시Folco Quilici(1930~2018년)가 촬영한 컬러 사진이다.

이 사진가의 탁월한 재능을 아직 깨닫지 못한 독자를 위해 조금 더 자세히 설명하기로 하자. 이와나미쇼텐은 『도시 로마』 출간에 앞서, 같은 판형의 사진문집 『도시 베네치아』(1986년)를 펴냈다. 이 책에 실린 컬러 사진도 퀼리시가 촬영했다. 그리고 본문(이와사키 쓰토무 역)은 역사가 페르낭 브로델Fernand Braudel이 썼다.

폴코 퀼리시가 얼마나 뛰어난 영상 작가인지는 타비아니 형제가 감독한 영화 〈카오스〉(1984년)를 보면 쉽게 확인할 수 있다. 루이지 피란델로Luigi Pirandello(1867~1936년)의 단편을 영화화한 이 작품의 첫 장면에는 방울을 매달아 날려 보낸 까마귀 한 마리가 등장한다. 시칠리아의 그리스 신전을 내려다보는 새의 자유로운 날갯짓. 이 새의 시점으로 영상이 전개된다. 이 장면을 촬영한 것이 폴코 퀼리시이다.

내가 처음 접한 퀼리시의 사진집은 『리구리아』(1973년)였다. 리구리아 지방의 연안은 제노바 항구를 중심으로 동서(레반테, 포넨테)로 나뉘는데 특히 동쪽 연안은 깎아지른 듯한 암벽이 절경을 이룬다. 책 표지는 '친케 테레Cinque Terre(다섯 개의 땅이라는 뜻)'의 암벽을 촬영한 사진이다. 책에 실린 사진 대부분이 높은 장소, 이를테면 헬리콥터에서 찍은 듯 보이지만 그렇지 않다.

퀼리시는 바닷새처럼 가파른 절벽에 매달려 사진을 찍었다. 그가 표현한 새의 시점은 동쪽 연안 출신의 시인 에우제니오 몬탈레Eugenio Montale(1975년 노벨문학상 수상)의 표현 방법과 유사하다. 다만 이 사진집의 문장은 동쪽 연안 출신의 몬탈레가 아니라 서쪽 연안의 산 레모 출신 소설가 이탈로 칼비노Italo Calvino가 썼다.

폴코 퀼리시의 카메라 아이camera-eye는 하늘을 나는 새(높은 시점)와 지상을 거니는 새(낮은 시점)와 일체화되어 베네치아와 로마의 정경을 훌륭히 담아냈다. 화면에 새의 그림자가 자주 등장하는 것도 의도된 설정이다.

로마 중심가의 남북으로 뻗어 있는 코르소 거리의 서부를 '베키아 로마Vecchia Roma'라고 부른다. 일정한 구획을 일컫는 정식 명칭은 아니다. 오래된 것이나 옛날을 뜻하는 '베키아'라고 하면, 오히려 일곱 언덕 위나 고대의 유적이 밀집해 있는 포로 로마나 혹은 콜로세움이나 카라칼라 황제의 욕장 유적 주변을 떠올리는 사람이 많을 것이다. 하지만 그 경우에는 고대를 뜻하는 '안티카Antica'라고 표현한다.

『도시 로마』에 수록된 퀼리시의 사진은 100여 장에 이른다. 하지만 그는 이렇게 말했다. '수년간 조형물, 저택, 돌, 대리석, 지붕, 굴뚝, 탑, 종루, 큐폴라Cupola(반구형 지붕) 사이를 정신없이 돌아다녔다.' 그리고 헬리콥터에서 몸을 내밀고 찍은 '수 만 장의 사진 중 불과 100여 장'을 골라낸 것이다.

과연 퀼리시는 어떤 기준으로 사진을 선택했을까. 거기에 이 걸작 사진집의 정수라 할 수 있는 비밀이 있다. 그는 이렇게 썼다. '어느 날, 나는 이 방대한 양의 메모에 한 가지 빠진 것이 있다는 것을 깨달았다.' 그리고 그것이 일종의 '감정' 즉, 고대와 중세, 르네상스, 바로크, 근대, 현대에 이르는 시간의 축적 속에 살아 숨쉬는 '민중의 마음'이라는 것을 알게 되었다고 한다.

퀼리시는 친한 친구의 조언에서 그 대답을 찾아냈다. 구체적으로 말하면 그는 자신이 촬영한 방대한 양의 메모 속에 '빠진 한 가지'가 무엇인지 친한 친구에게 조언을 구했다. 그 후 그는 친구로부터 '며칠 후 2, 3장의 종이를 받았다'고 썼다.

'거기에는 친구의 분명하고 간결한 필적으로 옮겨 쓴 피에트로 베리의 시가 가득 적혀 있었다. 지금에야 말하지만 나는 이 종이를 수개월이나 부적처럼 품에 넣고 다니다 종종 펼쳐서 그 안의 한 구절을 읽곤 했다. 그리고 베리의 내면에서 선명하게 되살아난 로마의 옛 거리와 사람들의 생생한 세계를 영상의 힘으로 얼마든지 표현할 수 있다고 수없이 되뇌었다.'

퀼리시의 글에서 내가 주목한 것은 '옛 거리'라는 표현이다. 그것이 바로 '베키아 로마'이다. 고대에는 캄푸스 마르티우스라고 불리고, 중세에는 사람들이 물을 찾아 이주한 테베레강 왼쪽 기슭. 르네상스 이후에는 캄포 마르치오라고 불리며 코르소 거리보다 서쪽에 위치한 테베레강 왼쪽 기슭의 활처럼 굽은 만곡부가 만들어낸 구획. 예부터 이곳을 '베키아 로마'라고 불렀다.

내가 처음 베키아 로마의 매력에 대해 쓴 것은 한 신문사의 '세계의 서점'이라는 특집 기획에 이탈리아의 서점에 대한 정보를 소개해달라는 의뢰를 받았을 때였다. 1년 남짓한 유학을 마치고 일본으로 돌아온 지 얼마 되지 않았을 무렵이다. 잊고 지내던 과거의 기억이 떠올라 당시의 기사를 찾아보았다.

  '서점은 내게 그다지 떠올리고 싶지 않은 기억이다. 어느 서점의 선반이나 사지 못하고 남겨 두고 온 책 한두 권은 꼭 있었기 때문이다. 서점 주인의 얼굴이나 계산대 여직원의 머리 색깔을 떠올릴 때는 그립기도 하지만 결국 씁쓸한 기억이 되살아난다.

  이탈리아에는 글을 읽지 못하는 사람도 있고 서점도 많지 않다고 들었기 때문에 로마에서는 한동안 편히 잘 수 있으리라 생각했지만 막상 거리로 나오자 그럴 수 없다는 것을 알았다.

  일단 신간 서적을 사려면 길모퉁이의 에디쿨라Edico-la(신문·잡지 가판대)에서 염가판을 사거나 정식 서점으로 가야 한다. 이른바 덤핑 판매점에 가거나 일 년에 한두 번씩 서점에서 하는 재고정리 세일을 기다리든지 아니면 가까운 헌책방을 수시로 드나들며 새로 들어오는 책을 체크해 싸게 사는 것이다.

  어떤 방법이든 책을 구입하기 전에는 신문의 서평란부

길모퉁이의 에디쿨라. 정면은 우연히 함께 찍힌 산 에우스타키오 카페.

터 꼼꼼히 살핀다. 대부분의 일간지가 주 1회 문예란을 통해 신간 서적의 목록과 주요 서적의 서평을 싣는다. 그런 이유로 일요일에는 코리에레 델라 세라Corriere della Sera(밀라노), 화요일에는 가제티노Gazzettino(베네치아)와 나치오네nazione(피렌체), 수요일에는 스탐파Stampa(토리노)와 같이 10여 종의 각각 다른 지역의 신문을 읽었다.

고서점은 일본과 크게 다르지 않다. 서점 수도 결코 적지 않다. 도시별로 보면 가장 많은 곳이 나폴리이며, 토리노와 로마가 뒤를 잇는다. 밀라노는 생각보다 적다. 파도

바처럼 오래된 대학 부근에는 고서점이 거의 없고, 곤돌라가 운행되는 베네치아의 운하를 따라 간이 서점이 몇 곳 있다.

남쪽으로 내려가면 시칠리아섬의 팔레르모가 발군이다. 대학교 주변에만 여섯 곳의 훌륭한 고서점이 있다.

다음은 로마인데, 지도를 펼쳐놓고 표시를 하면 중앙의 베키아 로마(구 로마 지구)에 고서점이 집중되어 있는 것을 알 수 있다. 나는 그 한복판에 집을 구했다. 그 무렵 늦은 밤부터 아침까지 일하는 습관이 생겨 새벽 1시만 넘으면 산책을 나갔다. 먼저, 근처에서 에스프레소를 마시고 판테온에서 트레비 분수까지 서점을 따라 고대 로마의 체취가 남아 있는 닳고 닳은 포석 길을 걸었다. 굳게 닫힌 서점 앞을 지날 때마다 사야 할 책값을 더해나갔다. 어느 정도 금액에 이르렀을 때 나보나 광장으로 돌아온다. 어둠에 휩싸인 광장에는 바다의 신 트리토네가 뿜어내는 실로 절망적인 물소리가 울려 퍼지고 있었다.

하지만 한 곳 더 돌아보지 않으면 산책을 마칠 수 없을 것 같았다. 그 서점만 쇼윈도에 철망이 씌워져 있어 가로등 불빛에 비친 책 제목을 읽을 수 있었기 때문이다.

일류 고서점에는 반드시 카탈로그가 있다. 또 서점에 따라 재고 목록을 작성하는 곳도 있기 때문에 가끔씩 재고 목록을 확인하러 들르기도 한다.

이탈리아에서는 잡지 찾기가 가장 어렵다. 형편이 넉넉지 않을 경우에는 더 모으기 힘들다. 간혹 거리에서 각종 책을 벌여놓고 판매하는 노점을 발견하기도 한다. 반카렐라Bancarella라고 부르는 이 노점상이 오래된 잡지를 찾을 거의 유일한 장소이다. 그 외에는 매주 일요일 밤 포르테제 성문 일대의 번화가에서 열리는 벼룩시장을 찾아가 노점상을 뒤지는 방법뿐이다. 어쩌다 진귀한 서적을 발견하기라도 하면 날이 새도록 그곳을 빠져나오지 못할 수도 있다.

역사학을 전공하는 친구를 따라 처음 그곳을 방문한 날, 길바닥에 쌓여 있던 오래된 잡지 더미를 보고 놀라움을 감출 수 없었다. 1, 2차 세계대전 중의 문학 운동의 중심이 된 잡지 〈프론테스피치오Il Frontespizio〉도 있었다. 나는 할 말을 잃고 옆에 있던 친구의 얼굴을 바라보았다.' (아사히신문, 1967년 6월 23일)

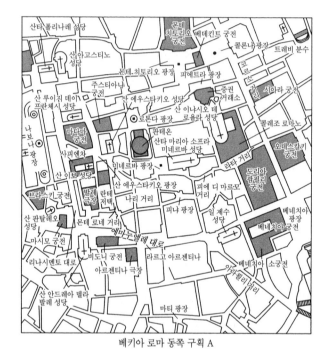

베키아 로마 동쪽 구획 A

‘베키아 로마’ 전체를 파악하는 것은 불가능에 가깝다. 거리 곳곳에 가득한 매력 넘치는 장소들을 일부 둘러보는 것만으로도 시간이 부족하다. 전부를 보려고 하면 그저 혼란에 빠질 뿐이다.

여기서는 ‘베키아 로마’를 동서의 두 구획으로 나누고자 한다. 동쪽 구획은 A, 서쪽 구획은 B(276쪽 참조)라고 하자. 양쪽 구획으로 나뉘는 기준점은 나보나 광장(고대 디오클레티아누스 황제의 경기장 유적)이다.

동쪽 구획 A에 가려면 콜론나 광장에서 출발하는 것이 좋다. 코르소 거리 중간에 있는 콜론나 광장의 마르크스 아우렐리우스 황제의 기념비가 눈에 잘 띄기 때문이다. 또한 직경 약 4m, 높이 약 30m의 고대 도시 루니산 석비 자체가 코르소 거리보다 약간 서쪽으로 들어가 있어 일찍이 ‘베키아 로마’로 가는 입구 역할을 했기 때문이다.

잠시 멈춰 서서 나선형으로 뻗어 있는 황제의 업적을 묘사한 부조를 올려다본다. 자세히 보려면 오페라글라스를 준비하면 좋다. 꼭대기에 있는 청동상은 산 파올로이다. 처음에는 당연히 황제의 조각상이 있었다. 1588년 교황 식스투스 5세는 황제의 조각상을 성자의 상으로 교체했

콜론나 광장과 마르크스 아우렐리우스 황제의 기념비. 오른쪽으로 뻗어 있는 것이 코르소 거리.

다. 그리고 당시의 어려운 공사를 맡은 것은 역시 황제의 복심이었던 건축가 도메니코 폰타나였다.

　교황 식스투스 5세가 몇몇 오벨리스크를 다시 세워 로마를 찾는 순례자들의 길잡이로 삼았으며, 고대의 수로를 복구해 '영원의 도시'에 새로운 숨결을 불어넣었다는 것은 여러 번 이야기했다. 이 야심 넘치는 교황이 오벨리스크를 세우기 전부터 하늘 높이 뻗어 있는 두 개의 고대 로마의 기념비를 눈여겨보지 않았을 리 없다.

예컨대 '1590년의 로마'를 그린 브람빌라의 개념도(110쪽)를 다시 한 번 보자. 교황이 세운 오벨리스크와 함께 이른바 지표와 같이 두 개의 기념비가 그려져 있다.

고대 로마 황제의 위업을 기념하여 세운 두 개의 거대한 돌기둥을 교황의 권력 아래 두기 위해 식스투스 5세는 꼭대기에 있는 황제의 조각상을 그리스도교 성자의 조각상으로 교체했다. 트라야누스 황제 기념비 꼭대기에 있는 조각상이 산 피에트로의 조각상으로 교체된 것은 1587년의 일이었다.

코르소 거리를 사이에 두고 남북으로 우뚝 선 두 개의 기념비는 길을 걷는 사람들의 눈에 쉽게 띈다. 층층이 쌓인 거대한 원기둥의 내부에는 나선형 계단이 있다. 지금은 들어가지 못하지만, 괴테는 코르소 거리 남단에 있는 트라야누스 황제의 기념비에 올라갔던 일을 기록했다. 석양이 지는 황홀한 광경을 어두워질 때까지 넋을 잃고 바라보았다고 한다. 하지만 코르소 거리 북쪽에 있었을 다른 하나의 기념비에 대해서는 언급하지 않았다. 시야를 가로막는 것이 없다면 분명 보였을 텐데 말이다.

다시 콜론나 광장으로 돌아가자. 이곳에 광장을 만들고 순례자들을 위한 지표로 삼은 것은 교황 식스투스 5세였다.

마르크스 아우렐리우스 황제의 기념비를 둘러싼 화려하고 장중한 궁전에 대해서는 일단 넘어가기로 하자. 단, 걸음을 옮기기 전에 코르소 거리를 따라 설치된 멋진 분수를 꼭 보고 가길 바란다. 서로 꼬리를 감고 있는 돌고래와 조개껍데기 조각은 자코모 델라 포르타Giacomo della Porta의 수작이다.

서쪽의 베데킨트 궁전은 전면에 고대 에트루리아의 도시 베이오Veio산 돌기둥을 배치해 고풍스러운 분위기를 풍기지만 19세기 전반에 지어진 새 건축물이다. 과거에는 이곳에 마르크스 아우렐리우스 황제의 신전이 있었다. 베데킨트 궁 뒤쪽에 있는 광장 중앙에는 오벨리스크가 세워져 있다. 프사메티쿠스 2세Psammetichus II(B. C. 594~589년) 시대의 이 오벨리스크는 기원전 10년 아우구스투스 황제가 이집트의 헬리오 폴리스에서 가져와 해시계를 설치했다고 한다. 처음에는 지금의 위치보다 약 300m 북쪽의 산 로렌초 인 루치나 성당 인근에 세워져 9세기까지 건재

몬테치토리오 궁전 앞에 세워진 해시계 오벨리스크.

했지만 그 후 쓰러져 오랫동안 땅속에 묻혀 있었다. 1587
년 교황 식스투스 5세가 이 오벨리스크 발굴을 시작했다.
하지만 작업은 중단되고 말았다. 1792년 발굴작업을 재개
해 몬테치토리오 궁전 앞에 다시 세운 것은 교황 피우스 6
세였다. 당시에는 루도비시 궁전이라고 불렸던 이 궁전의
설계를 맡은 것은 베르니니였다. 현재는 이탈리아 하원
의사당으로 쓰이는 이 궁전의 전체 모습을 확인하려면 한
바퀴 돌아보는 것이 좋다.

　몬테치토리오 광장의 오벨리스크부터, 땅속을 흐르는

물을 상상하며 낮은 길을 따라 골목을 빠져나오면 거대한 판테온Pantheon(만신전)이 보인다. 판테온에 가까이 가기 전에 정면 광장의 살짝 올라간 위치에 세워진 오벨리스크를 눈여겨보자. 그리고 오벨리스크를 두른 분수와 델라포르타의 조각에도 주목하고 싶다.

로톤다Rotonda(원형 건물 즉, 판테온) 광장이라고 불리는 이 분수 주변은 이른 아침을 제외하면 곳곳에 놓인 카페 테이블을 둘러싸고 앉은 남녀의 무리들로 넘쳐난다. 무엇보다 여전히 고대의 숨결을 간직한 만신전萬神殿의 존재 때문에 오벨리스크와 분수의 아름다운 조화를 지나치기 쉽다.

조금만 눈여겨보면 수반을 떠받치고 있는 매끈한 석단이 판테온 쪽은 5층, 반대쪽은 2층으로 되어 있는 것을 알 수 있다. 로톤다 광장은 완만한 경사를 이루며 신전 정면으로 향한다. 나는 늘 이곳이야말로 고대부터 현대를 잇는 로마의 시간과 공간이 하나로 모이는 장소, 로마 산책의 원점이라고 느낀다.

2

10년 전쯤 '신들의 발자취'라는 제목으로 신문에 연재 기사를 썼다. 이탈리아반도의 매력을 소개하는 첫 기사로 '영원의 도시' 로마를 선택하고 그중에서도 '베키아 로마' 의 중심에 있는 판테온에 대해 썼다. 내가 하고 싶은 말이 응축되어 있는 그 기사 내용 중 일부를 다시 소개하고자 한다.

'… 나는 발밑을 흐르는 눈에 보이지 않는 물을 따라 트리토네 거리를 내려가 막다른 도로 너머 마르크스 아우렐리우스 황제의 기념비에는 눈길도 주지 않고 굽이진 골목 안으로 들어갔다.

이 근처에서는 동서남북 어느 방향에서든 누구나 판테온을 보게 될 것이다. 둥근 바닥의 지름과 높이가 같은 43.3m의 원통형 건물. 전면에는 16개의 거대한 돌기둥이 떠받치는 신전 형식의 삼각형 박공이 높이 솟아 있다. 한낮에 더 어두운 정면 입구로 들어가면, 침침한 내부 공간이 눈에 익을 때까지는 누구나 둥근 천장 꼭대기에 뚫린 창을 통해 허공을 올려다본다.

직경 9m의 채광창을 통해 빛이 쏟아져 들어온다. 최근 수년간 오전 9시에 문을 열어 오후 4시면 문을 닫았다. 밤 늦게까지 주변을 배회하는 젊은이들의 침입을 경계한 조치일까. 20여 년 전만 해도 관광객이 많지 않고, 온종일 자유롭게 드나들 수 있었다. 한낮에 쏟아진 비로 둥글게 젖은 바닥을 본 사람도 있을 것이다. 과거 이 근처에 살 았을 때는 밤 산책을 나와 판테온의 둥근 천장을 통해 밤 하늘에 뜬 달과 별을 보며 시간을 보내기도 했다. 당시에 는 어두운 내부 한구석에 있는 라파엘로의 무덤에 유리벽 이 설치되기 전이었기 때문에 손을 뻗어 만져볼 수도 있었 다.

판테온 앞에 설 때마다 나는 이곳이 영원의 도시 로마의 기점이자 이탈리아반도 문명을 찾아 떠나는 여행의 출발 점이라고 느낀다. 그것은 우연히 이 근처에서 살았던 개 인적 경험 때문만은 아니다. 누구나 이 거대한 석조 건축 물을 한 바퀴 돌아보면 판테온이 주변의 땅보다 가라앉아 있다는 것을 깨달을 것이다.

땅을 파낸 듯한 토대, 노출된 고대의 석재. 주위를 둘러 싼 도로 너머로 성당과 상점과 세월의 흔적이 고스란히 묻어나는 건물과 그 건물 다락방에 사는 사람들의 삶까지도 판테온과 함께 숨 쉬고 있었다. 다수의 고대 로마의 유적이 현대인들의 일상생활과 동떨어진 길을 걷게 된 것과 달리 판테온은 저 둥근 지붕을 통해 쏟아지는 빛과 함께 깊은 숨을 들이쉬고 있었다. 카페에 들어갈 여유가 없는 젊은이들이 밤늦게까지 이곳에 모여 있는 것도 그런 이유 때문일까.' (요미우리신문, 1991년 2월 18일)

판테온을 한 바퀴 돌아보면 알 게 되는 '땅을 파낸 듯한 토대, 노출된 고대의 석재', - '베키아 로마'를 걷다 보면 곳곳에서 그런 고대의 파편을 발견할 수 있다. 그런 파편들이 주변의 성당과 궁전과 분수와 오벨리스크와 함께 쌓여온 세월의 더께를 상기시킨다.

콜론나 광장에서 몬테치토리오 궁전 앞의 오벨리스크 그리고 판테온 앞의 로톤다 광장을 장식한 오벨리스크를 따라 걸었다. 다음 지표는 미네르바 광장에 있는 코끼리 등에 세워진 오벨리스크이다. 판테온의 왼쪽 뒤편에 있기 때문에 금방 찾을 수 있을 것이다. 두 오벨리스크 사이의 거리는 200m도 되지 않는다. 둘 다 소형 오벨리스크로 본

미네르바 광장의 오벨리스크. 정면은 산타 마리아 소프라 미네르바 성당.

래 고대 이시스와 세라피스 신전에 있던 것이라고 한다.
오벨리스크를 코끼리 등에 얹은 것은 베르니니의 아이디
어였다.

　이 기발한 코끼리 조각상(1667년)은 귀여운 생김새 때문
에 '미네르바의 병아리'라는 애칭으로 불리며 많은 이들의
사랑을 받았다. 오래전부터 로마 거리를 장식한 조각상들
은 침입자들에 의한 도난이 끊이지 않았다. 1946년 여름,
나치·파쇼로부터의 해방 이후 로마에 주둔한 연합군의 트
럭 한 대가 이 소형 오벨리스크와 코끼리 조각상을 훔쳐가
려고 했다고 한다. 인적이 끊긴 한여름 시에스타Siesta(더위

가 심한 한낮에 휴식을 취하거나 낮잠을 자는 시간-역주) 때 있었던 사건으로 '베키아 로마'의 일화를 모은 책에 기록되어 있다.

고대 로마의 기술과 공예의 여신 미네르바의 신전 터에 세워진 산타 마리아 소프라 미네르바 성당은 로마의 유일한 고딕 건축물이다. 다소 근엄한 분위기를 풍기는 정면에 낸 세 개의 장미창은 삼위일체를 주장한 산 토마스 데 아퀴노Santo Tomás de Aquino(Thomas Aquinas, 토마스 아퀴나스)와 인연이 있는 도미니코 수도회에 속하기 때문이다.

안으로 들어가기 전, 오른쪽 벽면 높은 곳에 테베레강의 홍수로 물에 잠긴 위치를 표시한 흔적에 주목하자.

성당 내부는 일순 어둡게 느껴진다. 하지만 정면에서는 보이지 않았던 옆면과 후면의 여러 개의 장미창을 통해 들어오는 절묘한 빛이 내부를 비친다. 볕이 뜨거운 계절에는 기분 좋은 서늘함이 감돌며 어둠에 익숙해진 신심 없는 이의 눈에도 성당 내부를 장식한 조각상, 그림, 교차하는 선과 색이 만들어낸 시적인 음향이 조금씩 스며들 것이다. 특히 별이 수놓아진 밤하늘의 짙은 감색 빛 천장화를 올려다보고 있으면 단테의 『신곡』 '천국 편'의 한 구절을 읽을 때처럼 하늘로 떠오르는 듯한 착각에 빠진다.

모든 성당에는 성물안치실이 있는데 ─ 산타 마리아 소프라 미네르바의 경우는 왼편 안쪽에 있다 ─ 그곳의 문을 두드리면 성당 안내도와 설명서를 받을 수 있다. 그런 팸플릿을 참고해 직접 성당 내부의 예술 작품을 하나하나 찾아보는 것도 산책자의 큰 기쁨이 아닐까. 이를테면 미켈란젤로의 조각상 '부활한 그리스도'를 감상하거나 프라 안젤리코와 피에트로 벰보의 무덤을 찾아본 후 입구로 돌아가는 것도 좋다.

여기서는 또 하나의 산책 경로로서, 성당의 후진 왼쪽의 좁은 문을 나와 뒤편 골목으로 나가보자. 뒤를 돌아보면 오른쪽에 도미니코 수도회 건물이 보인다. 1633년 그 건물 안에 있는 이단 심문실에서 갈릴레오 갈릴레이Galileo Galilei(1564~1642년)는 지동설 포기 서약을 했다.

이단 혐의로 로마에 붙잡혀온 갈릴레오는 대부분 스페인 계단 위에 있는 빌라 메디치(당시에는 토스카나 대공국 대사관)에 머물렀다고 한다. 또한 이단 심문에 앞장섰던 예수회 신학교가 있는 콜레조 로마노에도 유치되었던 듯하다.

산타 마리아 소프라 미네르바 성당 뒤편의 골목길 끝에

는 콜레조 로마노의 두꺼운 벽이 가로막고 있다. 이 골목에 서면 갈릴레오의 괴로운 마음이 절절이 느껴진다. 앞길을 가로막은 두꺼운 벽을 따라 왼쪽으로 걸어가면 예수회의 창설자 산 이냐시오 데 로욜라 성당이 나온다. 성당 내부는 물론 앞쪽의 광장의 구조도 매우 독특하다.

기묘한 형태의 건물들 사이를 통과해 북쪽으로 나가면 거대한 코린트식 원기둥이 떠받치고 있는 하드리아누스 황제(117~138년 재위)의 신전 유적이 있다. 여기에서도 바닥을 파낸 고대 로마의 깊은 지면이 눈에 띌 것이다. 하지만 이 유적은 포로 로마노에서 보던 것처럼 과거의 역사를 고스란히 간직하고 있지 않다. 현재 증권거래소로 활용되고 있기 때문이다.

현대까지 남아 있는 하드리아누스 황제의 신전 앞에 있는 널찍한 공간을 사람들은 피에트라 광장이라고 부른다. 광장에서 북쪽으로 50걸음쯤 가면 '베키아 로마' 산책의 출발점이었던 콜론나 광장이 나온다. 또다시 발밑을 흐르는 물을 의식하며 서쪽으로 200걸음쯤 가면 판테온 앞으로 돌아간다. 눈앞에는 로톤다 광장의 오벨리스크가 보일 것이다.

산 에우스타키오 성당

　서쪽으로 곧장 400m쯤 가면 다음 지표인 나보나 광장
의 오벨리스크가 있다. 태양은 동에서 서로 이동하며 날
마다 오벨리스크의 꼭대기를 비춘다.

　앞서 이야기한 '베키아 로마'의 동쪽 구획 A의 지도를
살펴보자. 두 오벨리스크 사이에 역사적인 건축물과 궁전
이 모여 있다. 그런 건물과 복잡하게 뒤얽힌 거리를 새처
럼 내려다보고 싶다면 꼭 폴코 퀼리시의 사진집 『도시 로
마』를 펼쳐보기를 권한다(일단 지금은 다음 장 첫 머리의 사진을 함
께 보자).

한쪽에는 석양이 비치는 판테온의 둥근 지붕이 보이고 다른 한쪽에는 어스름한 저녁 빛에 물든 디오클레티아누스 황제(A.D. 284~305년 재위)의 경기장 유적을 복원한 장원형長圓形의 나보나 광장이 있다. 중간쯤에는 산 이보 성당의 화려한 육각형 위에 우뚝 솟은 나선 첨탑이 보인다. 장방형 건물 라 사피엔차의 한쪽 부분을 점하고 있다. 또 산 이보와 판테온 사이에 작은 삼각형 지붕의 성당이 보일 것이다.

산 에우스타키오 성당이다. 바로크 양식을 도입한 신전풍의 전면을 올려다보면 지붕 끝에 십자가를 얹은 수사슴의 머리가 보인다. 콘스탄티누스 황제가 창건했다고 전해지는 오래된 성당이지만 중세 이래 로마네스크 양식의 종루를 포함한 주변이 상점과 주택으로 뒤섞였다. 오랫동안 폐쇄되었다가 1980년대 말 복원되면서 아름다운 내부를 볼 수 있게 되었다.

산 에우스타키오 광장에서 올려다보는 산 이보 성당의 후진도 무척 아름답다. 보로미니 최대의 걸작으로 칭송받는 이 성당 내부도 오랜 복원을 거쳐 1992년 말 완벽한 아름다움을 되찾았다. 대성년의 해인 2000년을 목표로 이

산 이보 성당이 부설된 라 사피엔차 궁전(구 로마대학교) 중정의 모습. 보로미니의 걸작, 백악의 나선 첨탑이 우뚝 솟아 있다.

루어진 이 성당의 복원은 모두가 고대하던 일이었을 것이다.

바로크 시대 산 이보 성당이 부설된 장방형 건물 라 사피엔차(델라 포르타 설계)는 1303년 창건 이래 1935년까지 로마대학교로 사용되었다. 창설자는 단테의 정적, 교황 보니파티우스 8세이다. 지금의 라사피엔차대학교는 파시즘 시기에 규모를 확대해 이전한 것이다. 테르미니역 부근에 있는 현 학부에서 '라사피엔차대학교'라는 호칭을 사용하

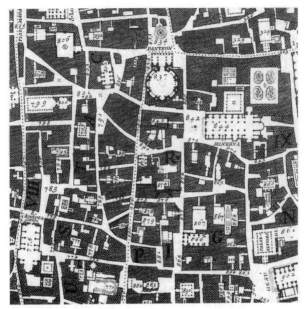

징세대장용 번호를 표시한 놀리의 지도(1748년).

게 되었으나 원래는 산 이보 성당이 있는 건물(현재는 국립문
서관)의 명칭이다.

이 일대의 거리를 조금 더 자세히 살펴보자. 그러려면
징세대장용 번호를 붙인 지암바티스타 놀리Giambattista
Nolli의 지도가 도움이 된다. 먼저, 산 이보 알라 사피엔차

성당(800. 숫자는 징세대장용 번호. 이하 동일), 성당 남쪽에 있는 발레Valle 극장(795), 성당 동쪽(오른쪽)에 위치한 마카라니 궁(792)이다. 라파엘로의 제자인 줄리오 로마노Giulio Romano가 설계한(1535년) 단정한 르네상스 양식의 건축물이다. 팀파눔Tympanum이라고 불리는 정면 입구 위의 삼각형 아래에 잘 다듬은 석재를 쌓아올린 정면 중앙의 입구가 있으며, 1층 왼쪽에는 산 에우스타키오 카페가 있다. 즉흥시인 벨리가 8년간 재직했던 티베리나 아카데미도 이 궁전 안에 있었다.

바로 뒤편의 란테 저택(793)은 스승 안드레아의 성을 계승한 건축가 자코포 산소비노Jacopo Sansovino가 설계했다. 내가 지인의 호의로 잠시 살았던 집 창문으로 이 르네상스풍 저택의 지붕이 내려다보였다.

1966년 여름, 한동안 파리올리 지구에서 상류 사회의 생활상을 지켜볼 수 있었던 나는 가을부터는 가난한 유학생 신분에 맞는 장소를 찾아 거북이 분수가 있는 광장 일대를 돌아다녔다. 하지만 집은 쉽게 구해지지 않았다. 절반쯤 포기했을 무렵, 세입자를 구하지 못한 방이 있다는 이야기를 듣고 마침내 몬테로네 거리에 집을 구할 수 있었다(세입자를 구하지 못한 이유는 단순했다. 내가 지내던 방 바로 옆방에 미라 한 구가 놓여 있었던 것이다).

길가에 있는 커다란 정문 입구를 통과하면 관리실이 있고, 그 뒤로 낮에 더 어두운 넓은 대리석 계단이 있었다. 오랜 세월 사람들이 오르내렸을 돌계단은 움푹 팬 곳이 있을 정도로 닳아 있었다. 계단참 몇 개를 돌고 돌아 도착한 넓은 대리석 복도에서 다시 좁은 철제 계단을 올라가면 두꺼운 떡갈나무 문이 나온다.

오래된 문에는 열쇠구멍을 낸 흔적이 여러 개 남아 있었다. 눈높이 정도에 뚫린 구멍 하나에 파피루스를 엮은 끈이 매달려 있는데, 그 끈을 당기면 안쪽에서 목축용 종이 울렸다. 40대가량의 검은색 옷을 입은 여주인은 빈 방 3개 중 마음에 드는 방 하나를 선택하면 된다고 말했다(돌아가신 그녀의 아버지는 고고학자로, 고대 이집트 연구자였다).

나는 중정에 면한 넓은 방을 선택했다. 담쟁이덩굴이 휘감긴 창으로 몸을 내밀자 푸른 하늘 위로 우뚝 솟은 산이보 성당의 새하얀 나선 첨탑이 보였기 때문이다. 또 남쪽의 옅은 갈색 지붕 끝에는 산 안드레아 델라 발레 성당 정면의 팀파눔 오른편 - 천사상이 없는 쪽의 삼각형 부분

- 이 석양에 붉게 물들어 있었기 때문이다.

몬테로네 거리 반대편에는 발레 극장Teatro Valle(1727년 1
월 개관)이 있었다. 나는 가장 싼 관람석 표를 구해 극장을
드나들었다. 정확한 가격은 잊어버렸지만 지금으로 치면
700엔 정도였을 것이다. 오페라 극장도 마찬가지이지만
로마의 극장은 반원통형 구조로 공간이 넓지 않고 높이가
높은 편이다. 가장 싼 관람석에 앉으면 배우의 머리를 내
려다보는 듯한 느낌이다. 또 좌석은 중앙과 좌우 세 개의
구역으로 나뉜다. 당연히 가격이 싼 좌우 관람석에는 관
객이 몰리지만 비싼 중앙 좌석에는 관객이 많지 않다.

마침내 조명이 꺼지고 무대의 막이 오른다. 관객의 눈
은 무대로 집중된다. 그 순간 어둠 속에서 사람들이 술렁
인다. 연극을 좋아하는 단골 관객들이 좌우 관객석에서
중앙 좌석 쪽으로 이동하기 때문이다. 장내 정리를 담당
하는 노부인이 좌석을 구분하는 좌우 통로를 통해 사람들
을 들여보낸다. 대신 노부인의 손바닥에 동전 하나씩을
쥐어주는 것이다.

혼잡한 어둠 속에서 내게 방법을 가르쳐준 것이 스테
파노였다. 아마 시칠리아 출신의 극작가 조반니 베르가

Giovanni Verga(1840~1922년)의 〈네 것에서 내 것으로Dal tuo al mio〉가 상연되던 때였다. 베르가는 〈카발레리아 루스티카나〉를 시작으로 소설을 극작으로 전환해 호평을 받았다. 그러나 만년의 작품 〈네 것에서 내 것으로〉는 처음부터 극작으로 써서(1903년) 후에 중편 소설로 저술했다 (1905년).

작가 베르가의 사회 정의관이 문학사상의 문제로서 논란이 된 이 극작에 대해 스테파노는 분명한 견해를 가지고 있었다. 그가 어디에 사는지도 잘 몰랐다. 하지만 '베키아 로마'를 걷다 보면 종종 그를 만났고, 극장의 싸구려 관람석에서는 반드시 만났다.

발레 극장이 문을 닫는 것은 밤 12시가 넘어서이다. 근처의 산 에우스타키오 카페는 극장을 나온 인파로 한동안 북적인다. 이 카페의 에스프레소와 카푸치노가 - 설탕을 넣을지 뺄지만 잘 주문하면 - 로마 최고라는 것은 알 만한 사람은 다 알 것이다.

카페 앞에서 잠시 잡담을 나누다 걸음을 옮겼다. 이야기를 나누며 걷다 멈췄다 다시 걷기를 반복하며 걸어서 2

피에 디 마르모 거리의 거대한 한쪽 발.

분도 걸리지 않는 내 집 건물 앞에서까지 한참을 이야기를
나누다 헤어졌다. 몬테로네 거리는 거기에서 T자로 갈라
진다. 스테파노는 나리 거리(788)로 들어가고, 로베르토와
카를로는 나란히 라르고 아르젠티나 쪽으로 사라졌다.

"너희 집은 여기서 멀어?" 언젠가 내가 묻자 스테파노가
대답했다. "아니, 피냐 광장 근처야."

"그럼 넌 이제오 캄펜세 주민이네." 나도 모르게 그렇게
말했던 기억이 난다. 그러고 보니 '미네르바의 병아리'(842)
근처나 스탕달이 머물렀던 호텔(871) 뒤쪽 그리고 길가에
거대한 대리석 발 조각상이 있는 피에 디 마르모 거리(843)

에서 종종 만났던 것 같다.

피냐 광장(869)은 거대한 청동 솔방울Pigna이 나온 것으로 유명하다. 고대의 분수 장식으로 알려진 이 솔방울은 지금은 바티카노 궁전의 정원에 놓여 있기 때문에 본 사람도 많을 것이다. 단테가 살던 시대에는 산 피에트로 대성당 앞에 있었다. 시인은 이 솔방울을『신곡』'지옥 편' 제31가에서 거인의 머리에 비유했다.

이제오 캄펜세Iseo Campense는 캄포의 이시스 신전을 말한다. 기원후 38년 칼리굴라 황제 때 지어졌다고 전해진다. 캄포는 캄포 마르치오를 말한다. 이 신전 유적에서 미네르바의 코끼리 오벨리스크와 로톤다 광장의 오벨리스크, 그리고 테르미니역과 가까운 산타 마리아 델리 안젤리 성당 옆의 오벨리스크가 발굴되었다. 원래는 4개였다고 한다. 나머지 하나는 어디로 갔을까.

이 의문에 대한 대답은 네 사람이 거의 일치했다. 하지만 동시에 더 큰 의문이 생겼다. 여기에 대해서는 곧 이야기하기로 하자.

라르고 아르젠티나에서 카를로와 로베르토는 좌우로

갈라졌다. 카를로는 고대의 신전 유적을 지나 거북이 분수가 있는 마티나 광장 끝에 산다고 했다.

"게토 근처에 집을 구하려면 내게 이야기해." 언젠가 카를로가 내게 이렇게 말했다.

로베르토는 아르젠티나 극장(771) 옆을 지나 서쪽의 반키 베키Banchi Vecchi(구 은행) 거리까지 가야 한다고 했다. 그러면서 그는 늘 "부르투스 너마저"라고 외치며 목숨을 잃은 카이사르의 회랑을 지나야 한다고 덧붙였다.

'베키아 로마'를 남북으로 걷는다면 반드시 비토리오 에마누엘레 대로를 가로질러야 한다. 그때만 신호등이 앞을 가로막는다. '베키아 로마' 혹은 캄포 마르치오에는 본래 신호등이 없었다. 옛 거리의 파괴자, 저주 받은 거리가 들어서기 전에는.

'베키아 로마'의 동쪽 구획 A의 지도(240쪽)와 지암바티스타 놀리의 지도(257쪽)를 비교해보자. 산 안드레아 델라 발레 성당(775) 앞 광장부터 검은색 문자 S, P, I 그리고 동쪽으로 다수의 궁전과 저택을 파괴하며 비토리오 에마누엘레 대로가 건설되었다. 무엇을 위해서였을까(S는 에우스타키오Eustachio 지구, P, I는 피냐Pigna 지구를 가리킨다).

문자 S에 해당하는 카파렐리 궁전 이후 비도니 궁전(777)으로 불린 이곳은 라파엘로가 설계했다(1515년). 하지만 지금은 흔적도 남지 않았다. 문자 I의 오른쪽에 있던, 즉흥시인 벨리가 1863년 숨을 거둔 저택(865)도 대로를 내기 위해 파괴되었다.

고대, 중세, 르네상스, 바로크로 이어져온 도시의 생명이, '베키아 로마'에 사는 민중의 삶이, 사람을 위한 거리가 이 무리한 대로 공사 때문에 파괴되고 말았다. 대로 공사를 감행한 목적이 정치에 있었다는 것은 그 이름에서도 고스란히 드러난다. 비토리오 에마누엘레 대로.

나보나 광장. 오른쪽 아래가 산 이보 성당의 나선 첨탑.

IX S·P·Q·R와 다른 신들 ▐

오랫동안 로마를 생각했다. 지금도 계속 생각하고 있다.

예컨대 로마에는 있고, 도쿄에 없는 것은 무엇일까.

로마를 상징하는 표어는 무엇일까.

로마의 정신은 어디에서 비롯된 것일까.

그 대답을, 마지막 장의 제목으로 선택했다.

1

1884년 2월 '베키아 로마'에 국왕의 이름을 딴 도로를 건설하는 파괴 행위 즉, 중세 이후 형성되어온 역사 깊은 거리를 파괴하고 기존 건축물을 해체하는 공사가 시작되었다. 1873년 이 도시계획의 원안이 작성되고 법제화된 것은 1883년이다.

공사는 먼저, 일 제수 성당 앞부터 산 판탈레오 성당 일대까지 진행되었다고 한다. 거리는 약 500m. 산 안드레아델라 발레 성당에서 100m쯤 지난 부근이었다. 그때 즉흥시인 벨리가 만년을 보낸 저택이 파괴되었다는 것은 앞에서 이야기한 바 있다. 참고로, 라르고 아르젠티나부터 산

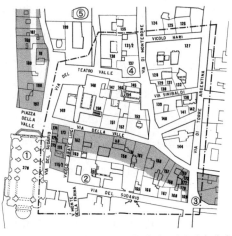

산 에우스타키오 지구 주변 지도(1820년). ① 산 안드레아 델라 발레 성당 ②
비도니 궁전 ③ 라르고 아르젠티나 ④ 즉흥시인 벨리의 생가 ⑤ 발레 극장
짙게 표시된 부분은 비토리오 에마누엘레 대로 건설로 파괴된 구획. 왼쪽
상단은 리나시멘토 대로 건설로 파괴된 부분.

안드레아 성당을 잇는 200m 남짓한 구 도로(발레 거리)를
따라 얼마나 많은 가옥과 건축물이 파괴되었는지 1820년
의 산 에우스타키오 지구의 지도를 통해 살펴보자.

무슨 이유로 30m나 되는 넓은 도로가 필요했던 것일까.
이유를 알아보기 전에 그것이 민중을 위한 일은 아니었다
는 사실만큼은 확실히 해두고 싶다.

1기 공사가 끝난 산 판탈레오 광장을 기억하는 사람은

많지 않을 것이다. 파괴되기 전 그곳에는 중세부터 이어져온 파팔레 거리Via Papale(교황의 거리)가 있었다. 이 거리는 산 피에트로 대성당과 퀴리날레 궁전, 그리고 산 조반니 인 라테라노 대성당을 연결하는 교황을 위한 통로였다. 산 판탈레오 광장 북쪽에는 브라스키 궁전(현 로마박물관)이 있고, 오른쪽에는 전면에 여섯 개의 기둥이 둥글게 배치된 마시모 알레 콜론네 궁전이 있다.

대각선 방향의 왼쪽에는 백악의 칸첼레리아 궁전(현재는 교황청 상서원)이 있다. 브라만테의 작품으로 알려진 로마의 가장 중요한 르네상스 건축물 중 하나로 중정이 특히 아름답다. 내부는 가끔 공개되기도 하는데 10년 전쯤 로마에 갔을 때 2층 홀에서 현악 사중주단의 연주를 감상했던 기억이 있다. 나는 그날 저녁 궁전 안을 거닐며 1848년의 혁명 당시 온건파인 펠레그리노 로시Pellegrino Rossi가 민중에 의해 살해된 사건을 떠올렸다. 이 궁전이 교회국가의 회의장이었던 때 일어난 사건이다. 그 사건을 계기로 교황 피우스 9세가 남쪽의 가에타로 몸을 피하면서 이듬해인 1849년 2월 이 궁전에서 로마공화국이 성립했다. 비록 반년 만에 무너지고 말았지만.

해체 중인 솔라(구 피에스키) 궁전.

다시 이야기로 돌아가자. 비토리오 에마누엘레 대로를
건설하기 위한 연장 공사는 이듬해인 1885년에도 계속되
었다. 산 판탈레오 광장에서 테베레강 좌측 기슭까지 약
700m 구간이다.

그때 칸첼레리아 궁전 끝 오른편에 있던 솔라 궁전 대부
분이 허물어졌다. 그 너머에 있는 누오바 성당과 오라토
리오 데이 필리피니(기도예배당)가 거리와 부자연스러운 각
도를 이루고 있는 것은 무리하게 대로를 냈기 때문이다.
그 결과, 광장의 형태도 불안정해졌다.

그런 이유로 천재 건축가 보로미니가 설계한 오라토리
오 데이 필리피니의 굴곡된 벽면을 관찰하려면 길 건너 반

산 안젤로 다리. 정면은 산 안젤로 성.

대편에 서서 보는 것이 좋다. 또 누오바 성당 앞에 있는 덮개가 달린 테리나 있는 분수는 원래는 가까운 캄포 데이 피오리Piazza di Campo de' Fiori(꽃의 광장) 중앙에 놓여 있었지만 그곳에서 이단으로 몰려 화형 당한 수도사 조르다노 브루노Giordano Bruno(1548~1600년)의 동상을 세우면서 이곳으로 옮겨졌다.

그런가 하면 비토리오 에마누엘레 대로가 테베레강에 이르렀을 때 같은 이름의 다리가 건설되었다. 물론 후년(1911년)의 일이다. 1871년 로마가 이탈리아 왕국의 수도가 되기까지 즉, 교회국가가 이탈리아 왕국에 병합되기까지 바티카노 언덕으로 가려면 산 안젤로 다리를 건너는 방법뿐이었다.

다만 다리 난간에 베르니니가 설계한 천사상 10개(그리스도의 수난을 상징)가 장식된 것은 1667년부터 1669년에 걸친 시기였다. 그 전까지는 다리를 건설한(A.D. 133~134년) 아에리우스 하드리아누스 황제Aelius Hadrianus(Elio Adriano, 이탈리아어로는 엘리오 아드리아노)의 이름을 따 엘리오 다리라고 불렸다.

여기서 우리는 '영원의 도시' 로마를 찾는 순례자들을 위해 도로망을 정비한 교황 식스투스 5세의 도시계획을 기디온의 계획도(117쪽)를 통해 다시 한 번 살펴보자.

기디온은 지금까지 '베키아 로마'라고 불러온 테베레강 좌측 기슭의 만곡부, 별칭 캄포 마르치오를 검게 칠한 후 이탈리아어로 Roma medievale(중세 로마)라고 기록했다. 그리고 이 검게 칠한 지대에 뻗어 있는 다섯 개의 거리가 만나는 산 안젤로 다리 옆에는 라틴어로 Platea Pontis(다리의 광장)라고 기록했다.

이와 관련해 기디온은 다음과 같이 썼다. '교황 특히 파울루스 3세(1534~1549년 재위)가 다리의 광장에서 시내를 가

팔다의 지도. 테베레강 좌측 기슭의 만곡부를 보여준다.

로질러 중세와 르네상스의 도로에 짧은 직통도로를 건설한 것은 후기 르네상스 때였다. 이런 방식의 짧은 방사형 도로를 건설한 것은 누구도 시도하지 않은 일이었다. 거기에는 브라만테가 설계한 줄리아 거리로 통하는 파올라 거리와 중간에 코로나리 거리를 잇는 파니코 거리가 포함된다.'

기디온은 또한 중세 이후 1,000년 가까이 건재한 테베레강 좌측 만곡부의 거리 상황을 독자들이 이해하기 쉽게 위와 같은 팔다의 지도(1676년)를 함께 실었다.

현대의 '베키아 로마'의 서쪽 구획 B의 지도(276쪽)와 비교해 살펴보면, 오늘날 테르미니역과 바티칸 시국(산 피에트로 대성당)을 잇는 64번 버스가 다니는 비토리오 에마누엘레 대로가 중세부터 르네상스 그리고 바로크기에 걸친 역사와 문화와 민중의 삶의 풍경을 얼마만큼 파괴했는지 이해할 수 있을 것이다.

꼭 한 번쯤 산 안젤로 다리 좌측 기슭에 서서 그곳을 기준으로 방사형으로 뻗어 있는 좁고 굽이진 옛 거리를 따라 걸어보기를 바란다. 반키 베키Banchi Vecchi(구 은행) 거리, 펠레그리노Pellegrino(순례자) 거리, 반키 누오비Banchi Nuovi(신 은행) 거리, 고베르노 베키오Governo Vecchio(구 정무청) 거리… 혹은 산 안젤로 다리에 버금가는 시스토 다리(교황 식스투스 4세가 1475년 성년에 맞춰 순례자들을 위해 건설하고자 했다)로 통하는 테베레강 양쪽 기슭으로 뻗어 있는 두 개의 직선도로 즉, 줄리아 거리(좌측 기슭)와 룬가라 거리(우측 기슭)를 걸어보자. 그야말로 로마 르네상스의 보고와 같은 거리이다.

다시 한 번, 기디온이 기록한 교황 식스투스 5세의 도시계획도로 돌아가 두 가지를 짚어보기로 하자. 첫 번째는 기디온이 '중세 로마'라고 표시한 검게 칠한 지대의 중앙

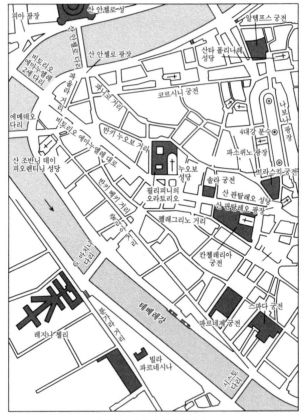

'베키아 로마'의 서쪽 구획 B

도로의 이름이 Via Papalis(교황의 거리)였다는 점이다. 이탈리아 국왕의 이름을 딴 비토리오 에마누엘레 대로는 과거 교황의 거리를 따라 민중이 생활하던 구획을 파괴하면서 건설한 도로이다. 그런 무리한 도로 건설은 교황청의 아성에 도전한 국왕의 지극히 정치적이고 군사적인 목적 때문이었다.

두 번째는 나보나 광장의 오벨리스크 다음으로 세우려한 오벨리스크의 위치이다. 지금까지 오벨리스크를 따라 '베키아 로마'의 거리를 걸어온 우리의 산책은 나보나 광장의 오벨리스크 앞에서 중단된다. 만약 식스투스 5세의 도시계획을 계승해 남은 하나의 오벨리스크를 세운다면, 그 장소는 기디온의 계획도에 표시된 Platea Pontis(다리의 광장)이 아닐까. 즉 '베키아 로마'의 서쪽 구획 B에서 방사형 도로가 한데 모이는 산 안젤로 다리 좌측 기슭이야말로 마지막 오벨리스크를 세우기에 적합한 장소일 것이다.

이제 나보나 광장으로 돌아가 마지막 오벨리스크를 만나보자. 나보나 광장의 아름다운 장원형(타원형이 아니다) 광장에 대한 이야기는 무궁무진하다. 다만 여기서는 이 아름다운 광장을 완성한 세 명의 예술가 베르니니, 보로미니, 델라 포르타의 이름만 잊지 말고 기억해두자.

이곳은 어둠 속을 거슬러온 베르지네 수로의 종착점이다. 장원형 광장 북단에는 고대 로마의 지반이 그대로 드러나 있다. 그 노출된 토대를 볼 때면 우리는 유일신과는 다른, 그리스도 탄생 이전의 신들의 존재를 느낀다.

고대의 경기장이었던 이 광장에는 세 개의 분수가 있다. 그리고 괴이한 형태의 조각상들. 그들도 먼 땅의 이신異神들의 수하에 있었다. 뾰족한 오벨리스크는 '4대 강 분수'라고 불리는 조각상들에 둘러싸인 분수 위에 하늘을 찌를 듯 우뚝 솟아 있다.

이 오벨리스크는 성벽 밖 아피아 가도 부근의 마크센티우스 황제(A.D. 306~312년 재위)의 거대한 경기장 유적에 묻혀 있었다. 교황 이노켄티우스 10세(1644~1655년 재위)는 박식하기로 소문난 예수회 사도 아타나시우스 키르처에게 이 오벨리스크에 새겨진 이집트 성각문자를 해독하도록 명했다. 그리하여 기원전 1000년 이전의 것이라는 결론을 얻었다.

하지만 실제로는 도미티아누스 황제(A.D. 81~96년 재위) 시대의 복각이라는 사실이 밝혀졌다. 오벨리스크를 떠받치고 있는 분수도 처음에는 보로미니가 고안했던 듯하다. 하지만 결국 베르니니가 설계를 맡게 되었다. 천재들의 뛰어난 재주에 감탄하며 오벨리스크를 바라보다 보면 본래 하나의 암석으로 만들었을 오벨리스크가 다섯 개로 쪼개져 있는 것을 깨닫는다.

나보나 광장의 북단으로 나와 서쪽으로 향하는 오래된 직선도로 즉, 코로나리 거리를 걷다 보면 마침내 산 안젤로 다리에 닿는다. 아니면 나보나 광장의 남단으로 나와 고대의 파스퀴노 조각상 옆을 지나 고베르노 베키오 거리를 서쪽으로 걸어도 산 안젤로 다리에 도착한다.

"나보나 광장의 오벨리스크 다음의, 가장 마지막 오벨리스크를 세울 장소는 바로 거기야."

"베키아 로마의 모든 도로가 한데 모이는 중요한 장소니까."

"로마 시민들이 왜 국왕의 대로를 걸어야 하지?"

오벨리스크를 둘러싼 우리의 이야기는 늘 그 지점으로 귀결된다.

"그런데 그 하나는 어디에 있지?" 어느 날 내가 물었다.

"미네르바 신전에 4개가 있었으니 하나는 남아 있었을

텐데….”

스테파노가 잠시 멈춘 사이 로베르토가 말했다. “그거라면… 바로 저기에 있어.”

우리 넷은 장원형의 나보나 광장에서 다시 판테온으로 걸음을 옮겼다. 그리고 리나시멘토(르네상스) 거리를 건너라 사피엔차 궁전과 마다마 궁전(현 상원 의사당) 사이의 삼각형 지점까지 왔다.

어떤 가이드북에도 실려 있지 않지만 그 삼각형 거리 중앙에 거대한 암석으로 조각한 원형의 분수반이 놓여 있다. 밤이 되면 물 밑에 잠긴 조명 불빛을 받아 흘러넘치는 물줄기가 무척 아름답다. 고대 로마 장인의 손길로 빚어낸 작품이다.

“네가 제일 좋아하는 분수지?” 카롤로가 내게 말했다.

1998년 가을, 도쿄 신주쿠의 이세탄 미술관에서 ‘렘브란트와 거장들의 시대전’이라는 전시회가 열렸다. 당시 화제를 모았던 〈사스키아의 초상〉을 기억하는 사람도 많을 것이다. 당시 전시회장 한구석에 폴 브릴의 작은 소묘 작품이 있었다. 목축지Campo Vaccino(캄포 바치노)로 변한 〈포

폴 브릴 〈포로 로마노의 폐허〉(1595년)

로 로마노의 폐허〉였다.

　허물어진 디오스쿠로이 신전 한쪽에 아무렇게나 놓여 있는 고대의 분수. 가축에게 물을 먹이던 장소. 바로 마다마 궁전 옆 삼각형 거리에 있는, 지금은 아무도 눈여겨보지 않는 아름다운 고대의 분수이다. 문득 그리움이 밀려왔다.

　하지만 폴 브릴이 그린 분수를 삼각형 거리의 분수와 같은 것이라고 생각하는 것은 나쁜일지도 모른다. 거의 같은 형태의 고대 분수가 퀴리날레 광장의 천마 조각상 아래 놓여 있기 때문이다(130쪽 참조). '디오스쿠로이의 분수'라고 불리는 이 분수는 1818년 교황 피우스 7세가 포로 로마노에서 가져왔다고 알려져 있다. 하지만 쌍둥이 신 디오스쿠로이를 위한 쌍둥이 분수가 있었다고 생각하는 편이 오히려 합당하지 않을까. '베키아 로마'를 걷다 보면 뿔뿔이 떨어진 고대의 분수처럼 나의 상상력도 사방팔방으로 뻗어 나간다.

1980년부터 1년 남짓 다시 이탈리아에 머물 기회가 생겼다. 그때는 주로 북쪽 도시 토리노에서 머물렀다. 중앙역 근처 호텔의, 파베세가 스스로 목숨을 끊은 방에서 묵으며 조사할 일이 있으면 기차를 타고 종종 로마를 방문했다. 과거 '베키아 로마'에서 살았던 집은 굳게 닫혀 있고 근방을 여기저기 돌아다녀봤지만 아는 얼굴은 만나지 못했다. 1960년대 말부터 1970년대의 이탈리아는 혼란의 시대였다. 이른바 '납탄 시대Anni di piombo'의 흔적은 곳곳의 길모퉁이며 성당 벽에 낙서처럼 새겨져 있었다.

한밤의 산책을 즐기던 가난한 유학생 시절, 다시 로마에 온다면 그리고 어느 정도 경제적인 여유가 있다면 꼭 묵어보고 싶었던 호텔이 몇 곳 있었다. 그중 하나가 판테온 뒤쪽의 스탕달이 머물렀던 호텔이다. 과거 내가 살았던 곳과 스테파노의 집 중간쯤에 있었다.

하지만 스탕달이 묵었던 호텔은 1980년대에도 여전히 복구공사가 계속되고 있었다. 다른 한 곳은 판테온 앞에 있는 르네상스를 대표하는 시인 루도비코 아리오스토 Ludovico Ariosto(1474~1533년)가 머물던 호텔이다.

아리오스토가 묵었던 호텔은 문을 열었다. 하지만 건물은 손상이 꽤 심하고 샤워 시설도 갖춰지지 않은 방도 많았다. 하지만 내게는 무척 편안했을 뿐 아니라 다시 한 번 '베키아 로마' 구석구석을 걸어 다닐 수 있었다. 가까운 카페 타차도로에 들렀을 때는 과거 계산대에 있던 여직원의 얼굴이 떠오르기도 했다. 산 에우스타키오 카페에도 자주 들렀다. 카페에서 일하던 직원 한 사람이 내 얼굴을 기억해주었다.

오랜만에 카페와 대각선 방향에 있는 삼각형 거리의 고대 분수 옆에 서자 과거 로베르토와 나누었던 이야기가 떠올랐다.

"… 마지막 오벨리스크는 산 루이지 데이 프란체시 성당 앞에 있어."

더 정확히 말하면, 프랑스인을 위한 이 성당 앞에는 거리 하나를 사이에 두고 두 개의 궁전이 있다. 북쪽이 마데르노가 설계했다고 알려진 파트리치 궁전, 남쪽이 보로미니가 설계한 주스티니아니 궁전이다. 문제의 오벨리스크는 이 두 궁전 지하에 절반씩 묻혀 있다고 한다.

이 오벨리스크에 관한 이야기는 로베르트뿐 아니라 사람들 사이에 전설처럼 전해지고 있었다. 그런 만큼 충분히 가능한 이야기였다. 본래 이 일대에는 네로 황제의 욕장이 있었기 때문이다.

한편 산 루이지 데이 프란체시 성당 문이 열려 있으면 카라바조Michelangelo da Caravaggio(1573~1610년)의 작품을 꼭 보고 가야 한다. 단 5분이라도 안으로 들어가 성 마테오의 3부작을 본다면 어떤 상념이든 떨쳐버릴 수 있을 것이다. 그 후 내 발걸음은 걸어서 2분도 채 안 걸리는 북쪽의 산 아고스티노 성당으로 향한다. 그리고 산타 마리아 델 포폴로 성당까지 카라바조의 명화를 찾아 걸음을 옮기게 된다.

물론 중간에 있는 피렌체 궁전 주변의 골목을 돌아다닐 때도 있다. 그곳은 과거 전위 극장에서 연극을 보고 처음 밤의 미로를 헤맨 곳이었다. 1606년 5월 28일, 카라바조는 사소한 놀이에서 시작된 결투로 그만 사람을 해치고 도주하는 신세가 된다.

2

'베키아 로마'를 걷다 보면 역사 속의 여러 사건과 마주할 수 있다. 이제 이 거리에서 우리가 잊어서는 안 될 20세기 최대의 사건과 그 흔적을 떠올려보자.

1870년 9월 20일, 로마 동쪽의 성문을 통해 이탈리아 왕국의 군대가 들어온 것은 '바로크의 분수'의 장에서 이야기했다. 그때 퀴리날레 궁전의 주인은 교황에서 국왕으로 바뀌었다(공화국이 된 지금은 대통령 관저). 그리고 교황은 테베레강 서쪽의 바티카노 궁전으로 몸을 피했다.

테르미니역 주변을 포함한 통일 왕국의 수도 로마의 도로가 동에서 서로 정비된 것은 당연한 역사의 흐름이었다. 비토리오 에마누엘레 대로야말로 그 상징이었다.

1911년 이탈리아 왕국 통일 50주년을 기념해 베네치아 광장 남단에 거대한 백악의 건축물 비토리오 에마누엘레 2세 기념관이 세워졌다. 북이탈리아 브레샤산 대리석은

이탈리아 왕국 통일 50주년에 맞춰 공사를 서두른 비토리오 에마누엘레 2세 기념관(1911년 5월).

'영원의 도시' 로마의 전통적인 색채와 어울리지 않는 위압적인 공간을 탄생시켰다. 또한 주변을 정비해 만든 드넓은 광장은 여전히 베네치아 광장이라고 불리지만 전과 같이 자유롭게 오가는 사람들을 포용하는 광장 본연의 의미를 잃고 말았다.

이 '추한' 건축물이 건설되는 과정을 지켜본 문인 우고 오예티Ugo Ojetti(1871~1946년)는 캄피돌리오 언덕의 비탈이 깎여나가던 모습을 '마치 파괴된 벌집을 보는 듯했다'고 썼다.

그때 파울루스 3세의 종탑(24, 25쪽 참조)과 산 마르코 성당

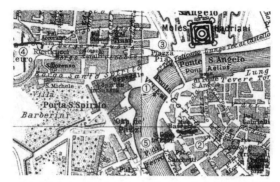

1909년판 베데커 지도. ① 비토리오 에마누엘레 2세 다리 ② 노면전차의 궤도 ③ 피아 광장 ④ 산 피에트로 광장 ⑤ 철교(피오렌티니 다리)

방향으로 뻗어 있던 회랑과 베네치아 소궁전(현재 위치로 이전), 그리고 주변의 중세 이래의 오래된 건물들 거기에 있던 페다키아 거리의 줄리오 로마노의 저택이며 피에트로다 코르토나의 집, 게다가 마첼 데 코르비 거리의 미켈란젤로가 세상을 떠난 저택까지 모두 해체되어 사라졌다.

같은 해, 25년에 걸친 공사를 마치고 비토리오 에마누엘레 2세 다리가 완성되었다. 이로써 국왕의 이름을 딴 대로는 테베레강의 만곡부로 뻗어 있던 르네상스의 거리를 끊어내고 맞은편 기슭까지 연결되었다. 다만 위에 실은 베데커의 지도(1909년)를 보면 알 수 있듯 지금의 64번 버스의 전신인 노면전차는 조금 더 위쪽에 만든 임시 다리를 통해 이곳저곳 광장을 지나 보르고 누오보와 보르고 베키오 거리를 돌아 산 피에트로 광장으로 향했다.

아리시마 이쿠마가 유학하던 시절에는 64번 버스의 전신인 노면전차가 테르미니역에서 산 피에트로 대성당을 잇는 20세기의 순례길 역할을 했다. 또 한 가지, 지도의 하류 부근에 철교가 있었다는 점에도 유의해야 한다. 정확한 명칭은 피오렌티니 다리로 1861년부터 1941년까지 걸려 있었다. 산 조반니 데이 피오렌티니 성당 뒤쪽에 있었기 때문에 그렇게 불렸다. 철교라고는 해도 어디까지나 임시로 만든 다리였다. 다리를 건너는 사람은 1솔도(이탈리아의 동전, 20분의 1리라)를 내고 군인과 탁발 수도사는 돈을 내지 않아도 되었다고 한다.

놀리나 팔다 등의 옛 지도를 보면 이탈리아 왕국의 수도가 되기 전까지 로마에는 리페타 항구에서 시스토 다리까지의 여러 곳에 나룻배가 있었다는 것을 알 수 있다. 양쪽 강기슭에 배가 떠내려가지 않도록 연결해놓고 이동이 쉽게 도르래를 설치했다.

19세기 말부터 20세기 초에 걸쳐 수도 로마의 인구는

폭발적으로 늘어났다. 고대의 다리와 시스토 다리, 그리고 나룻배만으로는 근대화의 흐름을 따라갈 수 없었을 것이다. 홍수 방지책도 필요했다. 그런 흐름을 타고 테베레강을 직선화하려는 정부 안까지 나왔지만 결국 현재와 같은 호안護岸 공사와 마르게리타 다리에서 아벤티노 다리까지 9개의 새로운 다리를 건설했다.

산 조반니 데이 피오렌티니 성당 뒤쪽의 철교는 이듬해인 1942년에 완성된 아메데오 다리로 교체되었다. 그리하여 '영원의 도시'에 걸맞은 오늘날의 돌다리가 완성되었다.

1920년대부터 40년대에 걸친 파시즘 시기에 로마의 거리는 또 한 번 크게 변모했다. 1924년 4월 21일 무솔리니는 캄피돌리오에서 수도 로마의 미래에 대해 연설했다. 그는 로마가 해결해야 할 문제와 창조해야 할 위대한 문제를 안고 있다고 말했다. 전자는 중세 이래의 오래된 도시 기능을 근대화하는 것이며, 후자는 20세기에 걸맞은 기념비적인 로마를 만드는 것이었다.

자세한 설명은 생략하겠지만 요컨대 이탈리아 왕국에 의해 시작된 제국주의적 징후가 민중의 국가주의 정신을 부추겨 파시즘 운동으로 번진 것이다. 무솔리니는 고대 로마의 영광을 되찾겠다며 자신을 '두체Duce(총리, 총통)'라고 칭하고 베네치아 궁전을 공관으로 삼아 발코니에서 열광하는 민중을 향해 연설했다. 비토리오 에마누엘레 2세 기념관이 적절한 무대를 제공했다. 주변에 펼쳐진 중세 이래의 오래된 거리와 골목을 파괴하고 건설한 직선 900m, 폭 60m의 포리 임페리알리Fori Imperiali(모든 황제의 광장) 거리 끝에는 거대한 고대의 원형경기장 콜로세움이 나타났다. 그야말로 독재자의 기호에 안성맞춤인 구도였다. 그리고 수백 년 동안 살아온 사람들을 내쫓고 역대 황제의 광장과 시장과 신전을 되살린 것처럼 선전했다.

이탈리아인뿐만이 아니다. 식민지 에티오피아에서 징병된 군인들을 동원해 성대한 열병식을 거행했다. 포리 임페리알리 거리에서는 군사 행렬이 빈번하고 비토리오 에마누엘레 대로의 여러 궁전들은 파시즘 정부의 기관으로 활용되었다. 이런 무솔리니 정책의 도달점 중 하나가 교황청과의 타협(1929년의 라테라노 협정)이었다.

그 결과, 바티칸시국市國이 성립하고 산 피에트로 광장으로 향하는 넓은 직선도로 콘칠리아치오네 거리가 정비

무솔리니 지지를 호소하던 당시의 브라스키 궁전(비토리오 에마누엘레 대로).

되었다. 1932년 콜로세움을 향해 뻗어 나가는 포리 임페리알리 거리를 건설하면서 중세의 거리뿐 아니라 팔라티노 언덕 끝에 위치한 고대 로마의 유서 깊은 벨리아 언덕과 콘스탄티누스 황제의 개선문 근처에 있던 원추형 분수(티토우스 황제가 만들었다) 메타 수단테Meta Sudante도 완전히 사라졌다. 파시즘 정권과 교황청의 '화해'로 시작된 콘칠리아치오네 거리의 정비는 근대화의 청사진을 구상한다면서 개개인의 삶과 정서를 파괴하는 행위였다.

앞서 1909년판 베데커 지도에서 보았듯이 지금의 64번 버스의 전신인 노면전차는 보르고 누오보와 보르고 베키

돔 지붕에서 내려다본 산 피에트로 광장. 위 : 콘칠리아치오네 거리가 생기기 전의 모습. 아래 : 현재의 산 피에트로 광장

아 거리를 돌아 산 피에트로 광장에 도착한다. 그 두 거리와 그 사이에 끼인 구획을 없애고 테베레강 하구부터 일거에 산 피에트로 대성당의 위용을 드러내려 한 것이다.

그 공사로 산 피에트로 광장을 둘러싼 루스티쿠치 광장과 스코사카발리 광장도 크게 변했다. 라파엘로가 설계한

저택과 이 위대한 예술가가 이른 나이에 세상을 떠난 저택
도 왕년의 모습을 잃고 말았다.

그럼에도 파시즘 정권은 고대 원형경기장을 이용해 민
중의 마음에 영광의 환영을 심고자 했다. 그런 방식으로
산 피에트로 대성당도 20세기의 기념비적인 모습을 획득
했다고 할 수 있다.

콘칠리아치오네 거리의 옳고 그름을 가리려는 것이 아
니다. 폭이 50m나 되는 도로의 출현과 일찍이 본 적 없는
장관을 통해 잃어버린 것이 무엇이었는지를 짚어보려는
것이다. 이전부터 산 피에트로 광장 앞의 오래된 구획을
정리하려던 계획을 가지고 있던 교황청과 파시즘 정권의
'타협'으로 이루어진 공사라는 점 때문이다. 이 도로 공사
는 1936년에 시작해 파시즘 정권이 붕괴된 이후인 1950년
- 즉, 성년에 맞춰 - 에 끝났다.

이제 우리는 콘칠리아치오네 거리가 생기기 이전의 순
례자의 마음으로 광장 안으로 들어가보자. 순례자들은 오
랫동안 가톨릭 정신의 본거지를 찾아가기를 염원했다. 르
네상스의 천재 예술가 미켈란젤로가 설계한 거대한 돔을

오랫동안 마음속에 그렸다. '영원의 도시'에 가까워지자 성벽 밖에서도 그 모습이 보였다. 그리고 지금 보르고 누오보나 보르고 베키오 거리를 지나 산 피에트로 광장 끝에 섰다.

눈앞에 있는 대성당의 정면에는 거대한 오벨리스크가 하늘을 찌를 듯 서 있다. 광장 좌우에는 대칭을 이룬 두 개의 분수가 물보라를 뿜어내고 있다. 그리고 이 모든 것을 에워싸듯 펼쳐진 좌우의 거대한 회랑과 4중 기둥. 그 속에서 순례자는 마침내 도착한 지상의 성스러운 입구에 서 있는 자신을 발견하고 깊이 안도한다.

산 피에트로가 천국의 열쇠를 받은 초대 교황이라는 것은 널리 알려져 있다. '내가 천국의 열쇠를 네게 주리니'(마태복음 16-19) 교황관과 열쇠는 교황의 상징이다. 또 모든 성당이 십자가 형태 위에 지어진다는 것도 널리 알려진 사실이다. 신실한 순례자들은 경건한 마음으로 기도를 올리고 자신의 영혼이 천국에 가기를 기원하며 산 피에트로 대성당을 참배한다. 그리고 산 피에트로의 유해가 매장된 지하 성당으로 내려가거나 미켈란젤로의 거대한 돔 안쪽에 있는 가파른 돌계단을 올라 130m 높이의 전망대에 선다.

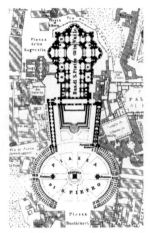

산 피에트로 대성당의 평면도(1909년판 베데커 지도)

지평선 끝에 걸린 산과 '영원의 도시'의 전경뿐 아니라 자신이 걸어온 길을 내려다본다면 발아래 펼쳐진 장원형 회랑을 설계한 베르니니를 비롯한 수많은 예술가와 장인들이 힘을 합쳐 완성한 이 대성당의 구조가 천국으로 가는 거대한 '열쇠' 모양이라는 것을 깨닫게 될 것이다. 다시 한 번 거대한 돔 위의, 천국의 입구에 선 행복과 기쁨이 절절이 느껴질 것이다.

베르니니 회랑의 초기 계획을 나타낸 판화(팔다)

단순히 관광객의 눈으로 주위 풍경을 바라보는 것도, 위대한 건축미를 감상하는 것도 아닌 어디까지나 한 사람의 순례자로서 천국의 입구에 선 행복을 음미할 때 '열쇠'의 광장 너머로 뻗어 있는 도로(콘칠리아치오네 거리)는 없는 것이 좋다. 차라리 막혀 있는 편이 나을 것이다.

통속적인 표현이지만 '넓은 문'이 아닌 '좁은 문'을 통해 들어가는 것이 바람직하다. 아마도 그런 이유 때문이 아니었을까. 베르니니의 초기 설계에는 제3의 회랑이 중앙을 가로막고 있었다. 그리고 좌우의 열린 공간을 통해 거대한 돔의 꼭대기가 보였을 것이다.

1564년 2월 미켈란젤로가 세상을 떠나면서 산 피에트로의 돔 공사는 중단되고 말았다. 그로부터 20여 년 후 식스투스 5세가 교황이 되었을 때에도 대성당의 돔 지붕은 없었다. 건축가들은 이 난공사를 완성하려면 최소 10년은 걸린다고 말했다.

하지만 성미 급한 교황은 자신의 생전에 하늘 높이 솟은 '돔 지붕'을 보고 싶다고 고집했다. 건축가 델라 포르타는 도메니코 폰타나와 힘을 합해 밤낮을 가리지 않고 연일 800명의 인력을 동원한 22개월의 강행 공사 끝에 미켈란젤로의 설계를 조금 수정한 '돔 지붕'을 완성했다. 1590년 5월 14일, 성대한 미사가 거행된 후 식스투스 5세의 이름을 새긴 마지막 돌이 끼워졌다. 그로부터 4개월 후 교황은 세상을 떠났다.

산 피에트로 대성당의 '돔 지붕'이 완성되었을 때 그 자리에는 시인 타소가 있었다. 식스투스 5세의 개입으로 에스테 가문의 구속을 벗어난 타소는 자유롭게 각지를 방랑하며 시를 썼다. 로마에서는 1587년부터 1590년에 걸쳐 리페타 거리에서 스크로파 거리로 들어가는 입구에 있는 갈리친 궁전에서 시피오네 곤자가Scipione Gonzaga의 손님으로 가끔 머물렀다. 앞서 소개한 펠리체 수로 공사

(1587~1589년)를 칭송하는 장시도 그 무렵에 썼다.

알도브란디니가 출신의 교황 클레멘스 8세(1592~1605년 재위)는 타소에게 호의적이었다. 그는 타소에게 연금 지급을 허락하고 월계관 수여를 약속했다. 페트라르카 이후 오랜만에 캄피돌리오 언덕에서 계관시인이 탄생할 예정이었다. 하지만 1595년 4월 25일 수여식을 목전에 두고 시인은 세상을 떠났다.

병세가 짙어지면서 타소는 자니콜로 언덕 위에 있는 산 오노프리오 수도원에서 요양하고 있었다. 시인은 기분이 좋은 날이면 언덕에 올라 초록이 짙은 숲 아래 펼쳐진 로마의 거리를 내려다보았다고 한다. 언덕 위에는 '타소의 떡갈나무'라고 불리는 나무도 있다. 후에 번개를 맞아 내가 방문했을 때에도 여전히 검게 그을린 가지를 철골과 목재로 지지하고 있었다.

자니콜로 언덕을 산책할 때는 자동차도로를 피해 걷는 것이 좋다. 또 산 오노프리오를 방문한다면 수도원에 딸린 성당을 향해 일직선으로 뻗어 있는 돌계단을 올라가는 것이 좋다. 성당 안팎이 워낙 고요해서 저도 모르게 비극의 시인을 떠올리곤 한다.

'베키아 로마'에 살던 때 나는 새벽 2시에 문을 닫는 산 에우스타키오 카페에서 에스프레소를 마시며 인적이 끊긴 바로크의 분수들을 돌아보는 버릇이 있었다. 그리고 집으로 돌아와 동이 틀 때까지 조사를 했다. 내 침대는 자니콜로 언덕 쪽을 향해 있었는데 그때는 정오가 되면 언덕 위에서 공포空砲를 쏘았다. 그 소리와 함께 눈을 뜨곤 했다.

지금도 '베키아 로마'의 호텔에 묵으면 과거의 버릇이 되살아난다. 나는 전에 살던 저택의 오래된 문 앞에 서서 - 놀랍게도 내가 살던 건물은 1970년에 간행된 연구서에 의해 즉흥시인 벨리가 탄생한 장소라고 밝혀졌다 - 벨리가 태어난 창을 올려다보며 모퉁이를 돌아 산 안드레아 델라 발레 성당 앞으로 나갔다. 한겨울에는 꽁꽁 언 고드름을 늘어뜨리기도 하는 이 분수는 콘칠리아치오네 거리에 있던 것을 옮겨온 것이다.

길 건너 골목을 빠져나와 캄포 데이 피오리의 자주 가던 가게에서 견과류 몇 종류를 구입해 씹으면서 가난한 유학생 시절을 떠올리며 자니콜로 언덕으로 향한다.

파르네제 궁전. 로마 최고의 건축물로 칭송받는다.

먼저, 파르네제 궁전을 바라본다. 로마에서 가장 아름다운 궁전일 것이라고 단언한다. 이유를 묻는다면 '연보랏빛이 감도는 돌의 표면'이라고 대답하고 싶다. 파르네제 궁전을 바라보며 추기경 알렉산드로 파르네제(후의 파울루스 3세)와 미켈란젤로가 나눈 예술에 대한 교감을 떠올렸다. 두 사람의 교감은 캄피돌리오 언덕 위의 광장에서 마침내 결실을 맺었다.

파르네제 궁전은 현재 프랑스 대사관으로 사용되고 있기 때문에 휴일에만 짧게 중정을 개방한다. 행운이 따르지 않는 한, 안니발레 카라치Annibale Carracci의 작품은 만나지 못한다. 하지만 미켈란젤로의 코니스Cornice(벽면에 돌출된 테두리-역주)는 바깥에서도 충분히 감상할 수 있다.

막다른 길에 있는 마셰로네Mascherone(커다란 가면) 분수에서 직선으로 뻗어 있는 줄리아 거리 오른쪽으로 가면 아메데오 다리를 건너 산 오노프리오로 갈 수 있다. 왼쪽으로 가면 줄리아 거리 끝에 시스토 다리가 나온다. 그곳에서부터 테베레강변이 이어지며 하류에는 새로 만든 다리가 보일 것이다.

가리발디 다리(1888년 완성)는 시스토 다리나 티베리나섬의 고대의 다리와는 구조나 용도가 전혀 다른 근대적인 다리이다. 이 다리는 트라스테베레 거리와 왼쪽 기슭을 연결하기 위해서라기보다는 도로 폭을 넓혀 남단의 트라스테베레역까지 직통으로 연결하고 뒤쪽으로 펼쳐진 황량한 교외(현대의 캄파냐 로마노) 지구까지 도시를 확대하기 위해서 만든 다리이다.

비대화된 현대 도시 로마의 일그러진 풍경이자 피에르 파올로 파졸리니Pier Paolo Pasolini(1922~1975년)가 소설과 영화를 통해 그려낸 세계이기도 하다. 현대의 로마는 여전히 견실한 계급사회이며 도시의 주변부에는 극빈층이 존재한다.

트라스테베레 거리의 연장선상에는 사회의 하층민들이 생활하는 구획이 있고, 이 거리의 기점이라고 할 수 있는 가리발디 다리 우측 기슭에 즉흥시인 벨리의 이름을 딴 광장과 그의 동상이 세워져 있는 것은 결코 우연이 아니다. 그가 로마 방언으로 지은 소네트를 소개하기로 한다. 시의 제목은 'S·P·Q·R'. 지금도 로마시가 사용하고 있는 표어로 앞에서도 다루었지만 고대 로마의 공화정에 대한 자부심을 표현한 라틴어 Senatus Populusque Romanus(원로원과 민중의 로마)의 줄임말이다.

'없는 곳이 없는 S·P·Q·R
으리으리한 건물 입구를 장식한
저 네 글자 따위에
무슨 의미가 있나

어릴 때부터 외웠지
채찍에 맞아가며 외울 때마다
지긋지긋하게 싫었어
A·B·C·D처럼 외웠지

어느 날 이상한 생각이 들어

그 이유를 물었지
나의 스승 돈 풀젠시오에게

그가 가르쳐 주었고말고
'그건 줄임말이야, 이 어리석은 녀석아'
Soli preti qui rreggneno. 입 다물어.'

　로마 방언으로 쓰인 이 시의 마지막 문장은 '이곳은 사
제들이 왕이다'라는 의미이다.

　다시 줄리아 거리 끝에 서보자. 눈앞에는 시스토 다리
가 있다. 마키아벨리가 '싸우는 교황'이라고 부른 율리우
스 2세(1503~1513년 재위)가 직선으로 뻗은 1km 남짓한 이
아름다운 거리를 만든(설계는 브라만테) 것은 아이러니한 일
이 아닐 수 없다. 현대인의 눈에는 평범해 보이는 직선도
로와 교차하는 아치가 오래된 육교의 일종으로만 보일 것
이다.
　담쟁이덩굴에 덮인 이 육교는 오른편에 있는 교황 파울
루스 3세의 파르네제 궁전과 왼편의 테베레강 너머를 연

줄리아 거리와 교차하는 아치.

결하는 다리로 가는 회랑이었다.

　파르네제 궁전 뒤쪽 정원의 놀라운 구상을 확인하려면 강 건너 자니콜로 언덕으로 올라가보자. 예컨대 산 피에트로 인 몬토리오 성당의 원형 예배당(브라만테 작품)을 방문한 후 파올라 분수에 도착해 뒤를 돌아보면 발아래로 테베레강과 좌우 강기슭을 따라 나란히 뻗어 있는 줄리아 거리와 룬가라 거리가 어렴풋이 보일 것이다.

　그리고 자니콜로의 좁은 거리를 따라 '타소의 떡갈나무'를 향해 걷는다. 걸음을 옮길 때마다 달라지는 로마의 전경을 느낄 수 있다. 이제 마주 보이는 파르네제 궁전에 주

매기의 로마 지도. 왼쪽 위의 파르네제 궁전과 빌라 파르네시나를 연결하는 다리가 건설될 예정이었다.

목하자. 이쪽 강변에는 라파엘로의 벽화가 있는 빌라 파르네시나가 나무 숲에 둘러싸여 있다.

　미켈란젤로는 이 단정한 저택과 파르네제 궁전을 연결하는 다리를 놓으려고 했다. 즉, 파르네제 궁전 뒤쪽의 옥상 통로를 연장해 테베레강의 다리와 연결하려고 한 것이다. 지오반니 매기Giovanni Maggi는 대예술가의 의도가 강조된 미완의 계획을 로마 지도(1600년대)에 그려넣었다.

　스탕달은 『로마 산책』의 두 번째 날을 이렇게 기록했다.

'오늘 이 도시의 전경과 타소의 무덤을 보기 위해 산 오노
프리오까지 올라갔다. 건너편 로마의 멋진 경치 사이로
몬테 카발로 궁전이 보였다. 나는 곧장 그곳으로 갔다.'
(1827년 8월 9일)

어느 나라, 어떤 장소에 있던 석양은 영원을 느끼게 한
다. 로마에서는 특히 몇몇 언덕 위에 오르면 영원한 순간
속에 있는 기분이 든다.

이를테면 스페인 계단 위 혹은 핀초 언덕의 전망대에서
지는 해를 바라보다 보면 어느새 주홍빛으로 물든 자신의
모습을 깨닫는다. 몬테 카발로 즉, 퀴리날레 언덕 끝에서
바라보는 자니콜로 언덕으로 떨어지는 낙조의 황홀한 광
경에 대해서는 앞서 이야기한 바 있다.

자니콜로 언덕에서는 석양을 등지고 테베레강 너머로
보이는 반대편 로마의 전경을 한눈에 볼 수 있어서 또 다
른 정서가 느껴진다. 등 뒤에서 쏟아지는 주홍빛이 '베키
아 로마'에 서린 어둠의 보랏빛과 어우러지며 시야를 가득
채우기 때문이다.

시시각각 변하는 로마의 풍경 속에서 캄피돌리오 언덕
은 세나토리오 궁전의 종루를 정점으로 영원의 순간 속에

자니콜로 언덕에서 내려다본 풍경. 앞쪽은 레지나 첼리 교도소.

서 떠오른다. 몇몇 성당과 판테온의 둥근 지붕과 시너고
그Synagogue(유대교 회당)의 각진 지붕조차 조화를 이루며
어둠 속으로 가라앉는다. 강 건너에서 유일하게 조화를
이루지 못하는 것이 있다면 백악의 비토리오 에마누엘레
2세 기념관이다.

　한편 이쪽 기슭에는 자니콜로 언덕 중턱에 위치한 검은
건물 즉, 레지나 첼리Regina Coeli 교도소가 있다. 1935년 6
월 토리노의 교도소에서 이송되어온 파베세는 2개월 남짓
레지나 첼리(이탈리아에서는 코엘리라고 읽지 않는다) 교도소에 구
금되었다. 그 후 반파시즘 활동 혐의로 유형을 선고받고 8
월 3일 더 먼 남쪽의 유형지로 이송되었다.

파베세의 장·단편소설 속의 인물들은 철창 안에서 알게
된 사람들이 많다. 그가 그린 소박한 민중의 마음이 일본
에 있는 내게는 어딘가 낯설게 느껴졌다. 그런 감정이 이
탈리아에서 이탈리아의 민중을 접하면 옅어지는 이유는
대체 무엇일까.

1944년 2월 5일 레오네 긴츠부르그는 고문을 견디다 못
해 레지나 첼리의 독일군 건물에서 사망했다. '독일인을
원망하지 않는다'는 말을 남겼다. 파시즘 정권이 무너지고
공화정이 성립된 후에도 그가 주도했던 '정의와 자유' 운
동의 이상이 이루어졌다고 생각하기는 어렵다.

파베세는 친구인 긴츠부르그의 죽음을 의식하며 문학
자와 편집자의 책무를 다하다 1950년 스스로 목숨을 끊었
다. 그 후 반세기가 지났지만 독재 권력에 의한 지배체제
에 대한 비판정신을 일깨우며 신화의 세계에 주목한 파베
세의 문학관도 여전히 계승되고 있다.

곰곰이 생각해보면 이 세상이 바람직한 방향으로 일단
락되거나 완성된 예는 없는 듯하다. 저 캄피돌리오 언덕
의 광장조차 미켈란젤로의 마음으로 보면 완성과는 거리
가 멀지 않을까. 예컨대 황제의 기마상을 세우는 데 반대

한 공화주의자 미켈란젤로의 정신을 따르자면 여전히 그의 바람은 이루어지지 못했다.

세나토리오 궁전 정면의 계단 아래에 있는 부자연스러운 로마 여신상도 조치가 필요해 보인다. 최소한 밖으로 나온 한쪽 발의 받침대 정도는 다시 만들 수 없을까. 물론 S·P·Q·R(원로원과 민중의 로마)라는 문자는 남긴 채 말이다.

이 책의 첫머리에서도 이야기했지만, 미켈란젤로의 의도가 적절히 표현된 것은 코르도나타 계단과 그 위의 하늘을 향해 달려나가는 천마와 쌍둥이 신의 조각상이 아닐까. 그 두 조각상의 받침대 뒤에도 S·P·Q·R라는 네 글자는 또렷이 새겨져 있다.

어둠이 내린 자니콜로 언덕 위에서 '영원의 도시'를 덮은 짙은 밤하늘에 별이 반짝이기 시작할 때, 캄피돌리오 언덕의 실루엣을 눈으로 쫓으며 하늘로 날아오르는 천마와 쌍둥이 신을 상상하며 집으로 걸음을 옮겼다.

맺음말

늑대 젖을 먹고 자란 쌍둥이 형제의 전설의 시대부터 현대까지 유구한 역사를 지닌 '영원의 도시' 로마를 부족한 공간이나마 최대한 담아내고자 애썼다.

물론 넘치는 부분도 많았다. 예컨대 모리 오가이가 옮긴 『즉흥시인』에 대한 이야기나 이탈리아 문학자로서의 아리시마 이쿠마 선생에 관한 이야기 등. 바티칸시국에 대해서는 결국 한 장도 할애하지 못했다. 파시즘과 '타협'한 콘칠리아치오네 거리와 산 피에트로 대성당에 관해서는 몇 가지 지적에만 그쳤다. 후일을 기약하고 싶다.

이 책에는 3,000년 가까운 로마의 역사가 흐르고 있다. 동시에 유학생 신분으로 처음 로마에 살게 된 이래 약 30년에 걸친 개인적인 경험의 시간이 함께 흐르고 있다. 그리고 현실의 로마는 아니었지만 그 이상의 실감을 가지고 밤낮으로 상상 속의 로마 거리를 걸었던 20여 개월의 - 이 책을 완성하기 위한 - 시간이 가득 담겨 있다.

1985년 6월 말경 내가 근무하는 대학 연구실로 이탈리아에서 한 통의 속달이 도착했다. 생각지도 못한 스테파노의 편지였다. 쓰쿠바의 연구학원도시에서 열리는 과학박람회에 참석하기 위해 일본을 방문한다는 것이었다. 18년 만의 재회였다. 우리는 한참 동안 이야기를 나누고 가부키좌의 외관이라도 보고 싶다는 스테파노의 요청에 밤늦게 쓰키지까지 차를 달렸다.

이 책을 쓰면서 사소한 조사 하나하나까지 이탈리아의 지인들은 물론 많은 분들의 도움과 가르침을 받았다. 이름을 다 쓸 순 없지만 한 분 한 분 깊은 감사의 인사를 드린다.

우여곡절 끝에 이 책의 제1쇄가 나왔을 때 전부터 로마에 관한 방대한 자료를 자유롭게 이용하도록 허락해주신 이탈리아 문학자 와시히라 교코鷲平京子 씨에게 일독을 부탁했다. 정성껏 검토해주셨다. 졸작에 큰 흠이 없다면 오직 그의 학은學恩 덕분이다.

교정은 오니시 도시오大西寿男 씨가 맡아주어 크게 안도했다. 편집 담당 아마노 야스아키天野泰明 씨에게는 처음부터 끝까지 많은 신세를 졌다. 특히 까다로운 사진 선정과 배치에 관해서는 현지의 정경에 밝은 그에게 전부 맡겼다.

2000년 10월, 아사마난로쿠의 정상 암거에서

가와시마 히데아키

역자 후기

　1960년대 유학생 신분으로 로마에 머물며 직접 로마의 거리를 거닐었던 가와시마 히데아키는 일본에 돌아온 이후 이탈리아 문학 연구에 매진하며 다수의 고전문학을 번역하는 등 자국에 이탈리아 문학을 소개하는 데 앞장섰다. 이 책에는 그런 그의 경험과 연구 내용 그리고 로마에 대한 애정이 가득 담겨 있다. 과거와 현재를 오가며 로마의 거리를 산책하는 그의 발걸음은 선명한 사진이나 영상 없이도 우리의 상상력과 감성을 자극하기에 충분하다.

　그는 3,000여 년의 역사와 문화를 간직한 '영원의 도시' 로마의 일곱 언덕을 중심으로 곳곳에 자리한 유서 깊은 성당과 건축물, 또 예나 지금이나 로마를 찾는 이들의 길잡이가 되고 있는 13개의 오벨리스크와 아름다운 조각상으로 장식된 고대의 분수를 따라 거닐며 로마의 매력을 속속들이 파헤친다. 그리고 먼 옛날 천국의 열쇠를 얻기 위해 찾아온 순례자들과 괴테, 스탕달, 안데르센 등의 대문인과 수많은 예술가들이 걸었던 그 길로 우리를 안내한다.

　무리한 도시계획으로 다수의 건축물과 거리가 훼손되고 파괴되었지만 여전히 로마는 고대부터 중세, 르네상스, 바로크, 근대, 현대를 잇는 시간과 공간이 웅축되어 있는 도시이다. 그런 영원의 도시 로마로의 시간 여행을 계획하고 있다면 로마에 사는 사람조차 의식하기 힘든 고대 수로의 물줄기를 상상하거나 위대한 예술가들의 발자취를 따라 거니는 로마 여행의 색다른 묘미를 발견할 수 있을 것이다.

김효진

사진 출전 일람(뒤의 숫자는 페이지 수)

- 피에르 그리말Pierre Grimal(글), 폴코 퀼리시Folco Quilici(사진) 『도시 로마都市ローマ』(아오야기 마사노리青柳正規·노나카 나쓰미野中夏実 공역), 이와나미쇼텐岩波書店, 1998. ⓒFolco Quilici Reprinted with permission. 1, 161, 200
- 샤를 드 톨네이Charles de Tolnay 『미켈란젤로ミケランジェロ』 다나카 히데미치田中英道 역, 이와나미쇼텐岩波書店, 1978. 13
- Borsi, F., Bernini, Newton Compton, 1986. 241(상)
- Caracciolo, A., Roma Capitale, Rinascita, 1956. 236
- Ciucci, G., e De Feo, V., Roma, L'Espresso, 1985. 223
- Dal Maso, L. B., Roma dei Cesari, Bonechi, 1969. 21, 25, 219
- Dal Maso, L. B., Roma dei Papi, Bonechi, 1975. 248
- D'Onofrio C., Acque e Fontane di Roma, Staderini, 1977. 104, 107
- Mantelli, B., Il regine fascista 1925~1940, Fenice 2000, 1995. 240
- Alberghi di Roma e provincia, Ente provinciale per il turismo di Roma, 1987. 53
- Basilica di S. Maria Sopra Minerva. Breve guida, Istituto 'B. Angelico', 1980. 206
- Roma I, Consolazione Turistica Italiana, 1941. 102, 117, 174, 182, 216
- Roma antica. Vita e cultura, Scala, 1982. 38
- Roma e il Vaticano, Scala, 1990. 19, 30, 151, 189, 251
- Roma nei secoli, Lupa, 1989. 79
- S. Ivo alla Sapienza e la 'Studium urbis', Fratelli Palombi, 1989. 211
- 가와시마 히데아키河島英昭 6, 29, 76, 129(상권), 131, 138, 143, 196, 241(하권)
- 와시히라 교코鷲平京子 3, 77, 129(하권), 210, 224, 254
- 아마노 야스아키天野泰明 63, 202

참고문헌 일람

(다루는 내용은 시대 순으로, 지면 사정상 극히 일부를 열거하는 데 그친다.)

- Livio T., Storia di Roma voll. 3, Arnoldo Mondadori, 1994.
- De'Rossi F., Ritratto di Roma moderna, Roma, 1645.
- Storia dei Papi vol. X, Desclee & C.i, 1942.
- Tasso T., Opere voll. 5, Rizzoli, 1963~65.
- Solerti A., Vita di Torquato Tasso voll. 3, Ermanno Loescher, 1895.
- Specchio di Roma barocca, Elefante, 1990.
- 괴테Johann Wolfgang von Goethe 『이탈리아 기행イタリア紀行』 상·중·하(사가라 모리오相良守峯 역), 이와나미문고岩波文庫, 1960.
- Stendhal, Passeggiate romane, Laterza, 1973.
- Nuovissima Guida del Viaggiatore in Italia, Milano, 1845.
- 안데르센Hans Christian Andersen 『즉흥시인即興詩人』 상·하 모리 오가이森鴎外 역, 이와나미문고岩波文庫, 1969.
- 안데르센Hans Christian Andersen 『즉흥시인即興詩人』 상·하 오하타 스에키치大畑末吉 역, 이와나미문고岩波文庫, 1960.
- Belli, G. G., I Soneti voll. 3, Arnoldo Mondadori, 1952.
- Dal Maso, L. B., e Venditti, A., Roma pittoresca, plurigraf, 1980.
- Gregorovius, F., Passeggiate per l'Italia voll. 5, avanzini e torraca, 1968~69.
- Caracciolo, A., Roma Capitale, Rinascita, 1956.
- Roma I . II, Consolazione Turistica Italiana, 1941, 42.
- 『아리시마 이쿠마 전집有島生馬全集』 전 3권, 가이조샤改造社, 1932~33.
- Guida Roma e Dintorni, Touring Club Italiano, 1962~65 e 1977.
- 지그프리트 기디온Sigfried Giedion 『신판 공간·시간·건축新版 空間·時間·

建築』1 오타 미노루太田實 역, 마루젠丸善, 1969.
- D'Onofrio C., Roma vista da Roma, Liber, 1967.
- D'Onofrio C., Acque e Fontane di Roma, Staderini, 1977.
- Ciucci, G., e De Feo, V., Roma, L'Espresso, 1985.
- Angeli, D., Le Cronache del Caffe Greco, Palombi, 1988.
- 피에르 그리말Pierre Grimal(글), 폴코 퀼리시Folco Quilici(사진)『도시 로 마都市ローマ』(아오야기 마사노리青柳正規·노나카 나쓰미野中夏実 공역, 이와나미쇼 텐岩波書店, 1998.

일본의 지성을 읽는다

001 이와나미 신서의 역사

가노 마사나오 지음 | 기미정 옮김 | 11,800원

일본 지성의 요람, 이와나미 신서!
1938년 창간되어 오늘날까지 일본 최고의 지식 교양서 시리즈로 사랑받고 있는 이와나미 신서. 이와나미 신서의 사상·학문적 성과의 발자취를 더듬어본다.

002 논문 잘 쓰는 법

시미즈 이쿠타로 지음 | 김수희 옮김 | 8,900원

이와나미서점의 시대의 명저!
저자의 오랜 집필 경험을 바탕으로 글의 시작과 전개, 마무리까지, 각 단계에서 염두에 두어야 할 필수사항에 대해 효과적이고 실천적인 조언이 담겨 있다.

003 자유와 규율 -영국의 사립학교 생활-

이케다 기요시 지음 | 김수희 옮김 | 8,900원

자유와 규율의 진정한 의미를 고찰!
학생 시절을 퍼블릭 스쿨에서 보낸 저자가 자신의 체험을 바탕으로, 엄격한 규율 속에서 자유의 정신을 훌륭하게 배양하는 영국의 교육에 대해 말한다.

004 외국어 잘 하는 법

지노 에이이치 지음 | 김수희 옮김 | 8,900원

외국어 습득을 위한 확실한 길을 제시!!
사전·학습서를 고르는 법, 발음·어휘·회화를 익히는 법, 문법의 재미 등 학습을 위한 요령을 저자의 체험과 외국어 달인들의 지혜를 바탕으로 이야기한다.

005 일본병 -장기 쇠퇴의 다이내믹스-

가네코 마사루, 고다마 다쓰히코 지음 | 김준 옮김 | 8,900원

일본의 사회·문화·정치적 쇠퇴, 일본병!
장기 불황, 실업자 증가, 연금제도 파탄, 저출산·고령화의 진행, 격차와 빈곤의 가속화 등의 「일본병」에 대해 낱낱이 파헤친다.

006 강상중과 함께 읽는 나쓰메 소세키

강상중 지음 | 김수희 옮김 | 8,900원

나쓰메 소세키의 작품 세계를 통찰!
오랫동안 나쓰메 소세키 작품을 음미해온 강상중의 탁월한 해석을 통해 나쓰메 소세키의 대표작들 면면에 담긴 깊은 속뜻을 알기 쉽게 전해준다.

007 잉카의 세계를 알다

기무라 히데오, 다카노 준 지음 | 남지연 옮김 | 8,900원

위대한 「잉카 제국」의 흔적을 좇다!
잉카 문명의 탄생과 찬란했던 전성기의 역사, 그리고 신비에 싸여 있는 유적 등 잉카의 매력을 풍부한 사진과 함께 소개한다.

008 수학 공부법

도야마 히라쿠 지음 | 박미정 옮김 | 8,900원

수학의 개념을 바로잡는 참신한 교육법!
수학의 토대라 할 수 있는 양·수·집합과 논리·공간 및 도형·변수와 함수에 대해 그 근본 원리를 깨우칠 수 있도록 새로운 관점에서 접근해본다.

009 우주론 입문 -탄생에서 미래로-

사토 가쓰히코 지음 | 김효진 옮김 | 8,900원

물리학과 천체 관측의 파란만장한 역사!
일본 우주론의 일인자가 치열한 우주 이론과 관측의 최전선을 전망하고 우주와 인류의 먼 미래를 고찰하며 인류의 기원과 미래상을 살펴본다.

010 우경화하는 일본 정치
나카노 고이치 지음 | 김수희 옮김 | 8,900원

일본 정치의 현주소를 읽는다!
일본 정치의 우경화가 어떻게 전개되어왔으며, 우경화를 통해 달성
하려는 목적은 무엇인가. 일본 우경화의 전모를 낱낱이 밝힌다.

011 악이란 무엇인가
나카지마 요시미치 지음 | 박미정 옮김 | 8,900원

악에 대한 새로운 깨달음!
인간의 근본악을 추구하는 칸트 윤리학을 철저하게 파고든다. 선한
행위 속에 어떻게 악이 녹아들어 있는지 냉철한 철학적 고찰을 해본
다.

012 포스트 자본주의 -과학·인간·사회의 미래-
히로이 요시노리 지음 | 박제이 옮김 | 8,900원

포스트 자본주의의 미래상을 고찰!
오늘날 「성숙·정체화」라는 새로운 사회상이 부각되고 있다. 자본주
의·사회주의·생태학이 교차하는 미래 사회상을 선명하게 그려본
다.

013 인간 시황제
쓰루마 가즈유키 지음 | 김경호 옮김 | 8,900원

새롭게 밝혀지는 시황제의 50년 생애!
시황제의 출생과 꿈, 통일 과정, 제국의 종언에 이르기까지 그 일생을
생생하게 살펴본다. 기존의 폭군상이 아닌 한 인간으로서의 시황제
를 조명해본다.

014 콤플렉스
가와이 하야오 지음 | 위정훈 옮김 | 8,900원

콤플렉스를 마주하는 방법!
「콤플렉스」는 오늘날 탐험의 가능성으로 가득 찬 미답의 영역, 우리
들의 내계, 무의식의 또 다른 이름이다. 융의 심리학을 토대로 인간의
심층을 파헤친다.

015 배움이란 무엇인가

이마이 무쓰미 지음 | 김수희 옮김 | 8,900원

'좋은 배움'을 위한 새로운 지식관!
마음과 뇌 안에서의 지식의 존재 양식 및 습득 방식, 기억이나 사고의
방식에 대한 인지과학의 성과를 바탕으로 배움의 구조를 알아본다.

016 프랑스 혁명 -역사의 변혁을 이룬 극약

지즈카 다다미 지음 | 남지연 옮김 | 8,900원

프랑스 혁명의 빛과 어둠!
프랑스 혁명은 왜 그토록 막대한 희생을 필요로 하였을까. 시대를 살
아가던 사람들의 고뇌와 처절한 발자취를 더듬어가며 그 역사적 의
미를 고찰한다.

017 철학을 사용하는 법

와시다 기요카즈 지음 | 김진희 옮김 | 8,900원

철학적 사유의 새로운 지평!
숨 막히는 상황의 연속인 오늘날, 우리는 철학을 인생에 어떻게 '사용'
하면 좋을까? '지성의 폐활량'을 기르기 위한 실천적 방법을 제시한다.

018 르포 트럼프 왕국 -어째서 트럼프인가

가나리 류이치 지음 | 김진희 옮김 | 8,900원

또 하나의 미국을 가다!
뉴욕 등 대도시에서는 알 수 없는 트럼프 인기의 원인을 파헤친다. 애
팔래치아 산맥 너머, 트럼프를 지지하는 사람들의 목소리를 가감 없
이 수록했다.

019 사이토 다카시의 교육력 -어떻게 가르칠 것인가

사이토 다카시 지음 | 남지연 옮김 | 8,900원

창조적 교육의 원리와 요령!
배움의 장을 향상심 넘치는 분위기로 이끌기 위해 필요한 것은 가르
치는 사람의 교육력이다. 그 교육력 단련을 위한 방법을 제시한다.

020 원전 프로파간다 -안전신화의 불편한 진실-

혼마 류 지음 | 박제이 옮김 | 8,900원

원전 확대를 위한 프로파간다!
언론과 광고대행사 등이 전개해온 원전 프로파간다의 구조와 역사를
파헤치며 높은 경각심을 일깨운다. 원전에 대해서, 어디까지 진실인
가.

021 허블 -우주의 심연을 관측하다-

이에 마사노리 지음 | 김효진 옮김 | 8,900원

허블의 파란만장한 일대기!
아인슈타인을 비롯한 동시대 과학자들과 이루어낸 허블의 영광과 좌
절의 생애를 조명한다! 허블의 연구 성과와 인간적인 면모를 살펴볼
수 있다.

022 한자 -기원과 그 배경-

시라카와 시즈카 지음 | 심경호 옮김 | 9,800원

한자의 기원과 발달 과정!
중국 고대인의 생활이나 문화, 신화 및 문자학적 성과를 바탕으로, 한
자의 성장과 그 의미를 생생하게 들여다본다.

023 지적 생산의 기술

우메사오 다다오 지음 | 김욱 옮김 | 8,900원

지적 생산을 위한 기술을 체계화!
지적인 정보 생산을 위해 저자가 연구자로서 스스로 고안하고 동료
들과 교류하며 터득한 여러 연구 비법의 정수를 체계적으로 소개한다.

024 조세 피난처 -달아나는 세금-

시가 사쿠라 지음 | 김효진 옮김 | 8,900원

조세 피난처를 둘러싼 어둠의 내막!
시민의 눈이 닿지 않는 장소에서 세 부담의 공평성을 해치는 온갖 악
행이 벌어진다. 그 조세 피난처의 실태를 철저하게 고발한다.

025 고사성어를 알면 중국사가 보인다

이나미 리쓰코 지음 | 이동철, 박은희 옮김 | 9,800원

고사성어에 담긴 장대한 중국사!
다양한 고사성어를 소개하며 그 탄생 배경인 중국사의 흐름을 더듬
어본다. 중국사의 명장면 속에서 피어난 고사성어들이 깊은 울림을
전해준다.

026 수면장애와 우울증

시미즈 데쓰오 지음 | 김수희 옮김 | 8,900원

우울증의 신호인 수면장애!
우울증의 조짐이나 증상을 수면장애와 관련지어 밝혀낸다. 우울증을
예방하기 위한 수면 개선이나 숙면법 등을 상세히 소개한다.

027 아이의 사회력

가도와키 아쓰시 지음 | 김수희 옮김 | 8,900원

아이들의 행복한 성장을 위한 교육법!
아이들 사이에서 타인에 대한 관심이 사라져가고 있다. 이에 「사람과
사람이 이어지고, 사회를 만들어나가는 힘」으로 「사회력」을 제시한다.

028 쑨원 -근대화의 기로-

후카마치 히데오 지음 | 박제이 옮김 | 9,800원

독재 지향의 민주주의자 쑨원!
쑨원, 그 남자가 꿈꾸었던 것은 민주인가, 독재인가? 신해혁명으로
중화민국을 탄생시킨 희대의 트릭스터 쑨원의 못다 이룬 꿈을 알아
본다.

029 중국사가 낳은 천재들

이나미 리쓰코 지음 | 이동철, 박은희 옮김 | 8,900원

중국 역사를 빛낸 56인의 천재들!
중국사를 빛낸 걸출한 재능과 독특한 캐릭터의 인물들을 연대순으로
살펴본다. 그들은 어떻게 중국사를 움직였는가?!

030 마르틴 루터 -성서에 생애를 바친 개혁자-
도쿠젠 요시카즈 지음 | 김진희 옮김 | 8,900원

성서의 '말'이 가리키는 진리를 추구하다!
성서의 '말'을 민중이 가슴으로 이해할 수 있도록 평생을 설파하며 종교개혁을 주도한 루터의 감동적인 여정이 펼쳐진다.

031 고민의 정체
가야마 리카 지음 | 김수희 옮김 | 8,900원

현대인의 고민을 깊게 들여다본다!
우리 인생에 밀접하게 연관된 다양한 요즘 고민들의 실례를 들며, 그 심층을 살펴본다. 고민을 고민으로 만들지 않을 방법에 대한 힌트를 얻을 수 있을 것이다.

032 나쓰메 소세키 평전
도가와 신스케 지음 | 김수희 옮김 | 9,800원

일본의 대문호 나쓰메 소세키!
나쓰메 소세키의 작품들이 오늘날에도 여전히 사람들의 마음을 매료시키는 이유는 무엇인가? 이 평전을 통해 나쓰메 소세키의 일생을 깊이 이해하게 되면서 그 답을 찾을 수 있을 것이다.

033 이슬람문화
이즈쓰 도시히코 지음 | 조영렬 옮김 | 8,900원

이슬람학의 세계적 권위가 들려주는 이야기!
거대한 이슬람 세계 구조를 지탱하는 종교·문화적 밑바탕을 파고들며, 이슬람 세계의 현실이 어떻게 움직이는지 이해한다.

034 아인슈타인의 생각
사토 후미타카 지음 | 김효진 옮김 | 8,900원

물리학계에 엄청난 파장을 몰고 왔던 인물!
아인슈타인의 일생과 생각을 따라가 보며 그가 개척한 우주의 새로운 지식에 대해 살펴본다.

035 음악의 기초
아쿠타가와 야스시 지음 | 김수회 옮김 | 9,800원

음악을 더욱 깊게 즐길 수 있다!
작곡가인 저자가 풍부한 경험을 바탕으로 음악의 기초에 대해 설명하는 특별한 음악 입문서이다.

036 우주와 별 이야기
하타나카 다케오 지음 | 김세원 옮김 | 9,800원

거대한 우주의 신비와 아름다움!
수많은 별들을 빛의 밝기, 거리, 구조 등 다양한 시점에서 해석하고 분류해 거대한 우주 진화의 비밀을 파헤쳐본다.

037 과학의 방법
나카야 우키치로 지음 | 김수회 옮김 | 9,800원

과학의 본질을 꿰뚫어본 과학론의 명저!
자연의 심오함과 과학의 한계를 명확히 짚어보며 과학이 오늘날의 모습으로 성장해온 궤도를 사유해본다.

038 교토
하야시야 다쓰사부로 지음 | 김효진 옮김

일본 역사학자의 진짜 교토 이야기!
천년 고도 교토의 발전사를 그 태동부터 지역을 중심으로 되돌아보며, 교토의 역사와 전통, 의의를 알아본다.

039 다윈의 생애
야스기 류이치 지음 | 박제이 옮김

다윈의 진솔한 모습을 담은 평전!
진화론을 향한 청년 다윈의 삶의 여정을 그려내며, 위대한 과학자가 걸어온 인간적인 발전을 보여준다.

040 일본 과학기술 총력전
야마모토 요시타카 지음 | 서의동 옮김

구로후네에서 후쿠시마 원전까지!
메이지 시대 이후 「과학기술 총력전 체제」가 이끌어온 근대 일본 150년. 그 역사의 명암을 되돌아본다.

041 밥 딜런
유아사 마나부 지음 | 김수희 옮김

시대를 노래했던 밥 딜런의 인생 이야기!
수많은 명곡으로 사람들을 매료시키면서도 항상 사람들의 이해를 초월해버린 밥 딜런. 그 인생의 발자취와 작품들의 궤적을 하나하나 짚어본다.

042 감자로 보는 세계사
야마모토 노리오 지음 | 김효진 옮김

인류 역사와 문명에 기여해온 감자!
감자가 걸어온 역사를 돌아보며, 미래에 감자가 어떤 역할을 할 수 있는지, 그 가능성도 아울러 살펴본다.

043 중국 5대 소설 삼국지연의 · 서유기 편
이나미 리쓰코 지음 | 장원철 옮김

중국 고전소설의 매력을 재발견하다!
중국 5대 소설로 꼽히는 고전 명작 『삼국지연의』와 『서유기』를 중국 문학의 전문가가 흥미롭게 안내한다.

044 99세 하루 한마디
무노 다케지 지음 | 김진희 옮김

99세 저널리스트의 인생 통찰!
저자는 인생의 진리와 역사적 증언들을 짧은 문장들로 가슴 깊이 우리에게 전한다.

045 불교입문

사이구사 미쓰요시 지음 | 이동철 옮김

불교 사상의 전개와 그 진정한 의미!
붓다의 포교 활동과 사상의 변천을 서양 사상과의 비교로 알아보고,
나아가 불교 전개 양상을 그려본다.

046 중국 5대 소설 수호전·금병매·홍루몽 편

이나미 리쓰코 지음 | 장원철 옮김

중국 5대 소설의 방대한 세계를 안내하다!
「수호전」, 「금병매」, 「홍루몽」이 세 작품이 지니는 상호 불가분의 인
과관계에 주목하면서, 서사란 무엇인지에 대해서도 고찰해본다.

IWANAMI 047

로마 산책

초판 1쇄 인쇄 2019년 12월 10일
초판 1쇄 발행 2019년 12월 15일

저자 : 가와시마 히데아키
번역 : 김효진

펴낸이 : 이동섭
편집 : 이민규, 서찬웅, 탁승규
디자인 : 조세연, 김현승
영업 · 마케팅 : 송정환
e-BOOK : 홍인표, 김영빈, 유재학, 최정수
관리 : 이윤미

㈜에이케이커뮤니케이션즈
등록 1996년 7월 9일(제302-1996-00026호)
주소 : 04002 서울 마포구 동교로 17안길 28, 2층
TEL : 02-702-7963~5 FAX : 02-702-7988
http://www.amusementkorea.co.kr

ISBN 979-11-274-3003-0 04920
ISBN 979-11-7024-600-8 04080

ROME SANSAKU
by Hideaki Kawashima
Copyright © 2000, 2018 by Kyoko Washihira
First published 2000 by Iwanami Shoten, Publishers, Tokyo.
This Korean print form edition published 2019
by AK Communications, Inc., Seoul
by arrangement with Iwanami Shoten, Publishers, Tokyo.

이 도서의 국립중앙도서관 출판예정도서목록(CIP)은 서지정보유통지원시스템 홈페이지
(http://seoji.nl.go.kr)와 국가자료공동목록시스템(http://www.nl.go.kr/kolisnet)에서 이용
하실 수 있습니다. (CIP제어번호: CIP2019047642)

*잘못된 책은 구입한 곳에서 무료로 바꿔드립니다.